U0014866

Idea man

Idea man

Idea man

Idea man

3分以内に話はまとめなさい

高井伸夫 著

呂理州 譯

3分鐘強效溝通法

69個切中重點、贏得人心的說話技巧！

【暢銷改版】

前言

迷你裙與裹腳布

有些人嘮嘮叨叨講了一大串話，最後說：

「以上很簡單地發表一些我個人的看法，請各位多多指教。」

這時候周遭可能會傳來竊竊私語：

「講了那麼久，還說是『簡單』？」

「這個人到底有什麼毛病？連自己講了多久都不曉得……」

「簡直是浪費別人的時間，真沒同理心！」

說話超過三分鐘，就是這麼惹人嫌。

為什麼有些人說起話會沒完沒了，以致令人生厭呢？

原因之一是說話缺乏邏輯，沒有歸納重點，令人搞不懂他到底要表達什麼。

隨著我們在公司的職位越來越高、社交圈子越來越廣，公開談話的機會也越來越多，比方說：向主管報告、和其他部門聯絡、與同事商量、指示部屬，或者說明自己的提案……等等。但在這類場合，不少人講起話來零零落落、不知所云，教人聽著聽著便不耐煩起來。

另一個原因則是他們沒有去了解、體貼聽者的心情。聽別人說話所消耗的能量，要比自己說話所消耗的多三倍以上。

聽者基本上是「以自我為中心」的。有些人因身體狀況欠佳，很難專注；有些人則可能煩惱著其他事情，所以無法專心。根據專家的實驗，一般人對一件事的注意力只能持續二十四秒以內。講話像裹腳布般沒完沒了的人就是因為不了解這點，而被認為缺乏同理心。

在公司行號，說話會超過三分鐘而不在乎別人感受的，大多是年紀很大、有一定地位的人，比如名譽董事長之類。這些大人物自顧自講話時，可能不曉得底下的聽眾正犯著嘀咕：「有完沒完哪，早點結束，回家含飴弄孫吧！」所以，雖然隨著年紀漸長，一個人有越來越多的機會對人發表意見，但要切記：談話內容不要像老太婆的裹腳布那樣又臭又長，而應該像迷你裙——越短越好。

沖泡泡麵時倘若必須等待三分鐘以上，是會令人焦躁不耐的，這樣的產品銷路大多不好。拳擊賽一回合只有三分鐘。就連無敵超人打敗怪獸或宇宙人的時間也都限制在三分鐘以內呢！

我是個律師，律師的工作是從「聽客戶的煩惱」開始的。許多客戶會把問題想得太複雜，這時我會稍微整理問題，歸納出幾個重點，這樣很容易就得出策略和戰術，客戶也開始有信心。

接著我得說服對手，有時則是在法庭上你來我往、與人辯論，設法說服法官。這時如果說得很冗長，會給人留下不好的印象，對方容易認為你「論點含糊不清」、「沒有自信才會東扯西扯」，這會產生不利的影響。

「話說得簡短」並不是我們的目的，重點在於完好的溝通，以及妥善表達自己的想法，然後感動對方、使他接受，進一步促使他採取行動。要在三分鐘之內達到這樣的效果。

那麼，要怎麼做才能在三分鐘之內把話說完呢？希望這本書能給各位提供解答。

請各位先試試看，投注感情把這篇一千多字的〈前言〉唸出來。照理說，應該可以在三分鐘之內唸完。

目錄 contents

〔第一章〕訓練自己長話短說

話說得精簡、切中要點，才能夠令人留下深刻印象，所以說話也要講究起、承、轉、合。以下技巧能幫助你把握說話的節奏，不至於越扯越遠，讓你在短短時間內把重點有效傳達出去。

〔第二章〕

讓人豎耳傾聽的說話技巧

想要使人願意聽你說話，甚至進而信賴你，就要懂得體貼聽者的感受。先點出結論、運用比喻、援引客觀數字、挑適當時機，乃至改善說話特質等，都能使人對你更有好感，豎耳傾聽你要說什麼。

〔第三章〕不浪費時間的說話技巧

東拉西扯、不著重點，最容易令聽者失去耐性，當然也就達不成溝通目的。事先了解對方興趣，交談時用對辭彙，專注傾聽對方說什麼，並坦率提出疑問等方法，能引導談話流暢進行，是忙碌現代人必學的功課。

〔第四章〕

給人好感的說話方式

意識到更大的人際關係網絡，能使你更懂得把握分寸。
而設想對方的心態，從而調整出相應的立場，互動才不會僵化。
還有，別忘了好好組織你要說的事，用關鍵字時時點出重點，
最後再度溫和地提醒對方。

〔第五章〕

令人討厭的說話方式

話說得再好，「態度」或「方式」不對，
傳達就會失準，有可能因而搞砸事情。
站穩自己的立場是有必要，但也要尊重多元觀點，
別全盤否定他人。談話突然「卡住」了？用幽默感重新調整交談氣氛吧！

〔第六章〕

使說話更有生命力

事前組織要說的話是好事，寫備忘錄還能使人保持求教心態，但可別硬梆梆地照本宣科。

說話時能情理兼顧最好，至少別說得斬釘截鐵。

當然，話要說得有生命力，更重要的是「做你自己」！

〔第一章〕

訓練自己長話短說

話說得精簡、切中要點，才能夠令人留下深刻印象，
所以說話也要講究起、承、轉、合。
以下技巧能幫助你把握說話的節奏，不至於越扯越遠，
讓你在短短時間內把重點有效傳達出去。

01 成敗取決於最初的三分鐘

我們有很多機會和別人交談。

有時候要為了推銷商品而去見某家公司的經營者；有時候是要向上司或股東提出新方案，取得認同；有時我們得在婚宴上致詞；有時則得在會議上說幾句話。此外在各種聚會上，也可能被要求說些應景的話。

無論是哪一種情況，最初的三分鐘最重要。

例如去某位大老闆那兒推銷產品時，對方直截了當地告訴你：「待會兒我要見一個客戶，只剩十分鐘的時間，你就簡單地說一說吧！」這樣的情況十分常見。這時你該怎麼辦？

有的人覺得既然只有十分鐘，便應該把握時間極力介紹商品。這樣的人恐怕之後都無法再見到那位大老闆了。而經驗豐富的業務員則不然。

「反正只有十分鐘……」他們會這樣思考，然後從先前蒐集的資料中挑出對方最感興趣的部分，或者聊聊這位大老闆最引以為傲的事。

比方說，這位愛釣魚的董事長某次釣到了一條破紀錄的大魚，或者他的孫子剛剛出生，或是研發某項新產品時發生了有意思但不為人知的插曲等。

深諳談話技巧的業務員會在最初的三分鐘找出這類話題，勾起對方談話的興致，炒熱雙方交談的氣氛。這一點非常重要。

聊這些話題，十分鐘很快就過了，不過不要緊。只要在告辭的時候把商品說明書輕輕地擺在桌上，說：「有空的時候請董事長看看這份資料，一定會對您有幫助的。」這樣就行了。有時候雙方還會因為聊得太投機，而讓下一位客人等上好一會兒呢。若情況是這樣，那麼雙方就很可能簽訂契約。

在上述例子中，說話的人（也就是業務員）非常清楚對方（大老闆）日理萬機、非常忙碌，因此設法使對方談話時心情愉悅。這是致勝的關鍵因素。

通常業務員會急於賣出商品，為了達到這個目的，會忍不住硬將商品介紹給人。但

「賣出商品」是業務員自個兒的「私心」，客戶可不喜歡業務員出於私心而糾纏他們。

不管在什麼情況下，說話技巧的運用道理都是一樣的。說話「能否活用最初三分鐘」，將會決定別人對你的評價——最初的三分鐘勝過之後的一小時。

02 為什麼「三分鐘內把話說完」那麼重要？

某日董事長把你叫去問話：「新商品研發的情況怎麼樣？」你會怎麼回答？

「剛才課長送來一份報告，說有些零件不太符合，經過檢查可能是設計上出了問題。後來我詢問負責設計的○○公司，但負責這項設計的人正在休假……」

如果你這麼回答，董事長會認為你是個「沒有能力的人」。這樣的回答方式有兩個毛病：一個是說話欠缺邏輯，再者是沒有為忙碌的上司著想。

在這種場合，你應該先說結論，比如：「看來是設計上出了問題。」接著要報告處理方式：「課長正在調查原因，今天四點之前會查出來。」

你要把「何人」、「何事」、「何時」以及「解決方案」等訊息傳達給上司。如果需要更詳細地說明，就在說完上述訊息後補充。簡單地說，如果你希望別人認為你是有能力的人，就要在三分鐘內有條有理地把話說完。經過訓練之後，是可以做到說話簡潔、有重點的。

由於手機普及，人們每天交談的時間遠比過去來得多。但人們說話的能力是否因此提升了呢？

似乎沒有。相反地，由於在任何地方、任何時候都可以和別人說話，許多人說起話來既冗長又拖泥帶水，面對面交談的能力反而變差了。

這是個很不利的趨勢。為什麼呢？

因為我們正邁入「知識經濟」的時代，人的感覺與思考越來越有價值，而每個人的說話能力也越來越重要。

還有一個理由是，在全球化的時代，知識與智慧跨出國界廣泛交流，相互理解變得越來越重要，為了增進彼此間的理解，良好的說話能力是不可或缺的。

日本人自古有「以心傳心」這種溝通方式，也就是「不用說出口就能傳達意思」，但如今光憑這方法已經行不通了。和其他民族、其他文化接觸時，倘若我們與別人交談時無法明快地陳述自己的見解，就會被時代及國際社會淘汰。

至於怎麼磨練說話的能力，我認為最好的方法，就是學會「在三分鐘之內把話說完」。

日本人不擅長把話說得條理井然，也欠缺獨創的想法，更缺少隨機應變的能力。如果能夠訓練自己在三分鐘之內把話說完，就可以大大改善這些缺點。

「如果談話內容很簡單，例如約個時間、地點之類，三分鐘或許夠啦，但要談公事、跟人交涉，或是談比較複雜的事情，那麼短的時間恐怕不夠吧！」有些人或許會這麼認為。

這種想法是錯誤的。各位可以觀察身邊能幹的人是怎麼說話的。他們都是很快就把話說完。由於擅長把握重點、很快把話說完，他們做事效率也高人一等。

在瞬息萬變的今日，凡事都講求速度，說話也不例外。

倘若你一直覺得時間還夠、還來得及，說話時自然會拖拖拉拉、講許多無意義的廢話。但要是下定決心：「我要在三分鐘內把話說完！」那麼你就會下一番工夫，設法把必要的話很簡潔且有技巧地表達出來。你必須刻意營造這樣的環境，訓練自己說話更簡潔。

每個人一天都擁有二十四個小時，很公平。而能幹的人之所以能比一般人做更多事，就是因為做一件事情所花的時間很少。他們普遍能很有效率地運用短短的時間。如果你也想成為能幹的人，首先就要以「在三分鐘之內把話說完」為目標。

人們因為手機普及的影響，說話變得有些拖泥帶水，但另一方面，現代人也常常使用e-mail傳遞訊息，而e-mail的語法通常言簡意賅。各位可以試試把寫e-mail的心態、方法運用到說話上，或許有助於養成「三分鐘之內把話說完」的習慣。

03 三分鐘的「三」別有深意

我一再強調：「要在三分鐘之內把話說完。」可能有人覺得疑惑：「如果要把事情迅速處理完，不一定非得拘泥在三分鐘內，為什麼四分鐘、五分鐘不行呢？」這樣的問題在我意料之中，但我仍堅持重點要在三分鐘之內說完，為什麼呢？因為「三」這個數字有特別的意義，是五、六、七等其他數字所沒有的。

三是拿來表示「很多」的最小數字。

在很久很久以前，人類剛發明數字時，只需一、二以及「很多」這三種概念就夠了。但隨著文明進步，這三種簡單的概念後來不敷使用，便出現了三、四、五……這樣的數字。因此從數字的發展過程可以明白，「三」是表示「很多」這個概念的最小數字。

換句話說，「三」這個數字是「雖然不是很少，但也不是很多」。俗話說：「三人成眾，而政治是眾人的事。」「三」也可以說是形成社會的最小數字。自古以來的諺語也常常出現「三」這個數字，比如「三個臭皮匠，勝過一個諸葛亮」、「三人行必有我師」、「無三不成禮」、「吾日三省吾身」，松、竹、梅稱為「歲寒三友」，立德、立功、立言稱為「三不朽」，智、仁、勇稱為「三達德」……

大多數的比賽我們只取前三名，而不取前四名、前五名、前六名。主辦單位只頒發金牌、銀牌、銅牌，或冠軍、亞軍、季軍給最優秀的前三名參賽者。

換言之，三是複數（很多）之始。從這個角度來思考的話，電話一通以三分鐘來計算似乎頗有道理。我不清楚電信局是怎麼算的，但從經驗來看，三分鐘大概是「與別人說話時，不太短也不太長的最小時間單位」。從另一個角度來看，說話技巧正確的話，三分鐘恰恰足夠和別人溝通意思了。

我堅持三分鐘內把話說完，是基於上述理由。

04 日產董事長的說話魅力

日產汽車公司董事長葛斯恩（Carlos Ghosn）的說話方式非常值得參考。演講也好，律師在法庭上陳述也好，就算長篇大論，基本上也是在三分鐘內講完為佳——只不過不是整篇在三分鐘內說完，而是其中的每一部分在三分鐘內說完。

葛斯恩的演講內容可以分成「起、承、轉、合」四個部分，每一部分都在三分鐘之內說完，而其中又可分成「序、破、急」三部分。因此他的演講節奏感十足，富有邏輯且語帶幽默，不會令人感覺冗長。

接下來我們就以葛斯恩在某大學的演講為例來說明。首先從「起」開始：

一九九九年十月十八日，東京汽車展即將開幕，這對我而言是前所未有、決定性

的一天。（起之序）

在五百位媒體記者、三百位投資分析師面前，我發表了日產汽車的重生計畫，並且當場承諾：「日產汽車雖然一直在衰退，但我一定會使它在短時間內重生！」我說日產「一直在衰退」，各位毫無異議，但對後面那句話卻抱持懷疑。「怎麼可能在短時間內重生？」他們大概是這樣認為。

會這樣懷疑很正常。日產汽車在全世界汽車市場的佔有率連續八年衰退，一九九一年的佔有率為六．六％，到了一九九九年減少到五％以下。在日本國內市場的佔有率則連續二十七年衰退。這段期間，日產的產量減少了六十萬輛以上。八年當中有七年財務是虧損的，負債高達二兆一千億日圓。（起之破）

在這樣的情況下，任何人都會懷疑日產如何在一年之中轉虧為盈，公司營運步上常軌，長期穩定發展。（起之急）

以上是演講最初的部分，顯示即將進入主題。

在「起之序」，葛斯恩一開始就以「這對我而言是前所未有、決定性的一天」來吸引聽眾的注意。

在「起之破」，以「我一定會使它在短時間內重生」這句可說是結論的話來表達強烈的決心。緊接著他又不著痕跡、語帶幽默地自嘲：「我說日產『一直在衰退』，各位毫無異議，但……」博得聽眾會心一笑。

然後，他一邊列舉具體數據來說明自家企業陷入多麼惡劣的險境，一邊也藉由公開資訊表達負責任的經營態度。

在「起之急」，他先假定聽眾會提出懷疑，同時表示接下來要答覆聽眾的疑慮。

接著，進入「承」的階段。

日產汽車曾經因為創造力以及員工對工作有極高的熱忱，而享有聲譽。後來為什麼衰退了呢？我認為有五個理由：

一、缺乏以利益為導向的明確目標。

二、未能站在顧客的立場。

三、欠缺連繫部門與部門、地域與地域間的功能。

四、缺乏危機感。

五、缺乏長期的共同願景。（承之序）

但是日產擁有過去留下的豐富資產。例如它在全世界一百九十二個國家銷售，也擁有最先進的生產系統。與法國雷諾公司合作後，在地理上和商品上，更彌補了以往的不足。此外它還擁有全心全力投入工作的員工，以及高水準的技術。（承之破）

於是我組成九個小組。這些小組有二百人參與，他們檢討二千件以上的提案，藉由「從上而下」和「從下而上」兩種方式，來擬定重建企業的策略。我們追求的是長期的獲利能力、能使公司繼續成長的計畫，以及一面削減成本、一面擴張營業的方法。（承之急）

這一段鋪陳目的明確，聽眾很容易懂：

在「承之序」，歸納衰退的五大原因。

在「承之破」，轉而述說正面的資產。

在「承之急」，說明接下來做了什麼。

不愧是葛斯恩，在短短的演講當中兵分多路、直指核心，把說者和聽者的思維全引到同一方向。緊接在後面的「轉」和「合」，也相當的簡潔易懂。

05 能幹的人講話有三大要素

我們觀察能力優秀的人做事可以發現，他們做事很迅速、很有效率，簡單的洽商常常只需一、兩分鐘就處理完畢。請各位看以下的談話：

「上次那個○○案子，對方這麼說，我就這麼答覆。」

「是嗎？那麼，我們這邊打算怎麼做？」

「既然對方這樣說，我認為採取這樣的做法應該沒問題。」

「這麼做沒問題吧？」

「沒問題！該有的準備我都做了。」

「那好！就這麼辦！」

再重要的案子，洽商過程要說的不過就是這些。雙方如果都具備必要的知識，並且都知道相關資訊，那就不需說太多話，短短幾句就行了。

而且，如果一件事情能夠在三分鐘之內說完，彼此都會覺得很順利，頭腦清明，後續行動也會變得敏捷。一旦體會到這種「做事迅速俐落」的感覺，之後就好辦了。如果你能一直往這個方向努力，做事技巧自然會更上一層樓。

有一次，我在杜邦公司的集會上聽見它的執行長荷里迪（Charles O. Holliday）演說。他的演說和日產的葛斯恩一樣令人感動。

四十九歲就能擔任世界一流企業的執行長，果然具有非凡的人格、見識、技巧與能力。當時，荷里迪演說的重點集中在以下三項：

一、企業要永續經營，就必須擁有穩定的品牌競爭力，且抱持不斷改革的心態。

二、企業要穩定成長，必須能夠同時展望短、中、長期的願景。

三、滿足人類的需求，比你現在所從事的事業內容還重要。

從這兒，我們發現能幹的人說話具備哪三個要素，就是：

◎非常短。

◎兵分多路。

◎直搗核心。

06 為什麼話說得簡短比較好？

關於演講，常常聽到的名言是：「演講和女人的裙子一樣，越短越好。」現在可不能隨便這麼說，否則會被扣上「性騷擾」之名。但是「演講短一些比較好」這一點，相信大家都認同。

不只是演講，工作上洽商的時間也是短一些比較好。

我想，一定不是人人都贊同這個看法。有些人或許會覺得滔滔不絕可以令人感受到熱情和誠意，從這點來說，長不是比短好嗎？

洽談業務可不像拳擊比賽，計時員拿著碼錶，一回合的時間一到就敲鐘。有時候雙方約好談五分鐘，可是實際一談就半小時，甚至一個小時也很常見。

有時候去拜訪別人，約好只談五分鐘，結果真的五分鐘就結束談話會感覺有一點空虛，總覺得少了什麼。但是事後仔細回想談話內容，你會發覺，實際花在說重要事情的時間沒有那麼多。

五分鐘就可以說完的事，若花三十分鐘或一個小時，便是浪費時間。如果能夠將這些時間省下來，就能夠完成更多的事情。省下不必要浪費的時間，對人生也會有正面的幫助。

事前約好五分鐘，結果卻談了三十分鐘。這可以解釋成對方願意跟你多談一會兒，若真是如此也不是壞事。

不管是什麼情形，話總是簡潔一些較好。最大的理由是，這樣才是有效率地運用時間。另一個理由是，短話比長話更能令聽者留下深刻印象。

若是問問婚宴的客人，哪一位貴賓致辭「說得最好」，相信多數人都會認為話短的比囉嗦的更令人印象深刻。

有人或許會說：「那不是致辭長短的關係，而是因為講的內容很棒！」那麼，如果那個人花三倍、四倍的時間說同樣的內容，聽眾還會不會覺得這個人「說得很好」呢？我看恐怕不會吧！

日本有史以來最令人感動的電報，是待在日本的妻子打給她在南極觀測站工作的丈夫的，據說只有三個字：「親愛的」。

日本知名的隨筆作家山本夏彥曾經說：「寫文章最後的階段，要修改成好文章的祕訣是：刪，刪，再刪。」

說話也一樣。剛開始，你可以先把腦中想的各種事情寫下來，然後刪、刪、再刪，只留下你認為非說不可的話。最後，就會完成一篇好的演說辭。

如果從容不迫地說話，三分鐘可以說大概八百字，速度快一些則大約能夠說一千一百字。

短話比長話更容易使人留下深刻印象，也就是說，短話比長話更容易達到溝通的效果。這是三分鐘內把話說完的一大好處。

07 如何在短時間內感動對方？

每個人都希望說話時能感動對方。廣義地說，說話的目的是要說服對方。說服的方法除了感動，還有以理性、知性的判斷來說服，或是訴諸利弊得失，有時候還可能以恐怖、威脅來使對方懾服。

但說服他人最好的方法，是去感動他。對方聽了你的話之後大受感動，按照你的意思去做——如果能這樣最好不過了。

不過，讓人感動似乎要花點時間。怎麼樣使別人在聽了你短短數分鐘的話之後感動呢？

要達到這個目的，最有效的方法是說話要具備真、善、美。

真、善、美？聽起來似乎很深奧，其實人類不都一直在追求這三樣東西？因此說話若能訴諸於人們一直在追求的東西，必定極具說服力。接下來就談談這三個要素。

首先是「真」。說話要出自真心。

本著真心誠意和對方說話，對方自然而然也會以真心相待。

你若是虛情假意，對方必定心窗緊閉。因此不管在什麼場合，真心誠意地說話非常的重要。

秉持真心誠意所說的話，往往短短一、兩句。各位可以回想看看某些著名電影的精采場景。在最高潮的一刻，主角說的話都很短。

有一季的相撲比賽，貴乃花受傷還沒痊癒，卻忍著疼痛上場比賽，結果硬是熬完為期十五天的賽程，還拿到冠軍。首相小泉純一郎頒發冠軍獎杯的時候便說：

「忍著傷痛，奮戰不懈，令人感動。恭喜！」

他這簡潔的賀辭博得許多人的共鳴。因為在這賀辭裡蘊含著萬千感慨，所以才令人感動。如果小泉首相說得冗長：「大相撲是日本傳統的國技……，閣下發揮了這個傳統的精神……」就極可能失焦，甚至破壞了感人的氣氛。

第二是「善」。這可以解釋成「鼓勵人、使人變得積極樂觀的談話」。

我的法律事務所有各種人會前來商量事情，我總是對他們說：「沒問題，沒問題。」而很少說法律上是這樣、是那樣。

人們的心中有著「善」與「惡」兩股力量。當我們的心態積極樂觀的時候，「善」就佔優勢。反之，當我們心態消極悲觀時，負面的念頭就會籠罩心頭。

有些人會因為碰到法律上的麻煩問題，而感到絕望，抑鬱寡歡。一個人絕望時，更不會引來好的結果。因此遇到這樣的人我總是說：「沒問題，沒問題。」好鼓舞他們。

如果對方是頗具地位的人，比如某公司的董事長，這句話可以解釋成：「董事長，如果您一直說『真是吃力！太困難了！好可怕呀！』，那您的員工怎麼辦？您若振作起來，公司的狀況也會跟著有起色，整個公司若是充滿朝氣，一定可以重整旗鼓的。」

每次我這麼說，再經過短短的面談，之後對方就會猶如脫胎換骨般精神大振，轉為樂觀。這是理性的說服所辦不到的——是我的話「感動」了對方。

要使人提振精神，就要說一些正面、積極、能令他們懷抱希望的話。這是引發感動的重要因素。

第三是「美」。這可以解釋成「美好的表達方式」。

同樣說一件事，用帶刺的話說出來，與用溫和而有技巧的話表達，給對方的印象極可能南轅北轍。話要說得「美」，得具備以下幾個要素，包括：明朗、有力，以及優雅。我們應該把這些要素放進表達的方式中。

倘若你能真心誠意，溫和而有技巧地說出鼓舞對方、使對方積極樂觀的話，那麼即使在短時間內也可以感動對方，進而收到效果，不需要長篇大論。

如果你是別人的主管，尤其要將這三個要素放在心上，我相信這一定能使你受益匪淺。

已經過世的《每日新聞》編輯委員山崎宗次先生在談到寫文章的訣竅時，提出七個要素：

一、感動（作者自己要先感動）。
二、情景描寫要色彩繽紛。
三、要有時效性且符合常識。
四、要有故事性。文章的發展要勾起讀者的興趣，使他們想繼續讀下去。

五、數字。提出數字能夠增加說服力。

六、決心。倘若再加上行動，這篇文章就能轉「守」為「攻」。

七、文章要開朗。

這七個要素同樣可以運用在說話上。

08 謙沖自沐，別自吹自擂

許多人喜歡自誇。自古以來，聖賢們總教我們要謙恭、別得意忘形，但一般人少有這樣的智慧，因此不時可以看到一些人大肆張揚自己的事蹟，不知道旁人一點都不佩服。

在某些場合，台上的致辭，或是台下聽眾的發問，如果那人話說得很冗長，內容泰半是自誇或賣弄知識。在婚宴上致辭尤其應當謹慎，因為你不是婚禮的主角，一味自吹自擂、搶了人家風采，是很失禮的。

自誇有三大缺點：

◎話容易拖得很長。

◎不得不聽的人可一點都不覺得有趣。

◎一般人對自誇之人的評價不高。

尤其工作場合，自誇只會自曝其短，可以說百害而無一利。在職場上，「實力」多少、紮實與否，從工作表現就看得出來，因此自誇只是浪費彼此的時間。能力強的人，工作時絕不會自我誇耀。

不過，倘若有人在你面前自吹自擂、說起當年勇（尤其是年長的人），則要儘可能耐住性子聆聽。的確，聽別人自誇不是什麼樂事，但是保持風度才不會給人不好的印象。

人心情好的時候，最容易透露心底的話，或不小心說出可貴的資訊。因此如果對方開始在你面前談起自豪的事，你不妨把它當作契機。

相反地，如果對方是為了討你歡心，而很巧妙地把你引以為傲的事拿出來談，這時雖然出於禮貌理當稍微附和，但要是因而忘形地炫耀起來，周遭的人肯定會覺得很無趣，所以還是要有自覺，收斂一些比較好。

不過有些情況例外，比如說是在談值得尊敬的人品，那麼自誇或許能炒熱談話的氣氛。

09 不懂裝懂容易壞事

和別人交談的時候，遇到聽不懂的事情可別裝懂。建議在適當的時候向對方詢問：「對不起，你剛剛說的那件事我不太懂，能不能解釋一下？」

為什麼要這麼做呢？

因為對方倘若不知道你不懂某件事，以為你懂而繼續進行下一階段的工作，結果出了狀況，且狀況越來越嚴重但沒有人曉得，最後問題爆發時大多已經很難收拾。不懂裝懂就有這種危險。

所謂「問，是一時的難為情；不問，是永遠的丟臉」。現今社會進步飛速、變化激烈，遇到不懂的事情不問別人，反而裝出一副「我什麼都懂」的樣子，或自以為自己「總是走在時代尖端」，怎麼可能有好結果？

事實上，越是優秀的人越不會「不懂裝懂」。他們不卑不亢，虛懷若谷，隨時願意向別人學習。

舉個例子。令朝日啤酒公司起死回生的前住友銀行副總裁樋口廣太郎，一接任董事長職務，就立刻前去拜訪啤酒製造業的前輩，向他們請教：「朝日啤酒公司哪裡出了問題？」

然後，他把別人指出的缺失一一改正。那些啤酒製造業的前輩願意慷慨地教導競爭者，固然令人敬佩，但像樋口廣太郎這種在企業界舉足輕重的人物，能夠放下身段，謙虛地去求教自己不懂的事，更是了不起。朝日啤酒之所以能夠振衰起弊，重振營運，擁有樋口廣太郎這樣的領導人是很大的原因。

美國一位知名的職業高爾夫球員有一次陷入嚴重的低潮，怎麼打都不順，後來一位不太會打高爾夫球的球迷給他建議，他採納之後，竟然真的恢復以往的水準。

「我確實有不懂的事。」如果一個人有這樣的自覺，自然會表現得樂於向人求教，當然就能獲得有益的意見。

無論是企業要發展，或是個人要進步，謙虛求教的態度都非常重要。最近日本企業界對於國內最高學府東京大學畢業的學生有一些批評，認為他們「不太好用」。

為什麼不太好用呢？一位企業主管舉了個例子：

「不知道他們是從來沒遇過頭腦比自己優秀的人，還是人生一帆風順，主管糾正的時候，他們若不是反彈很大，就是挫折感很大，因而退縮不振。」

擁有自信是很重要，但自信過頭就不適宜了。如果你以為「我什麼都知道」、「我向來不會出錯」，這只證明了你是井底之蛙，不知道世界之大。

身為組織中的一份子，如果你不懂某件事，不只是你個人的問題，還可能會使得一個重大計畫因而延宕。在這個變化急遽的時代，新知識過沒多久就落伍了，因此我們必須虛懷若谷，隨時樂於吸收新知。

10 怎麼在短時間內言之有物

我們要多說正面、開朗的話。所謂「正面、開朗的話」，就是有建設性的話。就算交談的主題很沉重也要如此。因為說負面的話，心情只會更加鬱悶，腦子裡更不會浮現好的解決方法了。在這個情形下，你越來越深陷無望的泥淖中。切記，無論是多麼困難的問題，只有建設性的思考才能幫你解決它。

我們律師這一行，經常是客戶碰到麻煩才找上門來，而且那麻煩通常不是普通的麻煩。但我在事務所的會談中只問三個問題：

「你現在覺得最糟糕的是什麼事？」

「你希望我幫你做什麼？」

「接下來你打算怎麼做？」

如果這三個問題都有答案，會談就可以結束。不知道各位有沒有注意到，這三個問題都是具建設性的？

「建設性」的提問，能夠大幅縮短會談的時間。當然，還有其他方法可以縮短會談的時間，比方說讓相關的人經常交換報告書或備忘錄。

能夠這麼做的話，大家見面時大多已了解彼此之間在做什麼、有何考量。我認為，所謂會議，是開會前已經決定了題目，但當大家聚集起來開會時，仍請相關的人報告，以便大家知道事情進行到哪兒了。

第一次聽到某件事情就要當場下判斷，不是件容易的事。因此，倘若大家毫無準備就去開會，通常都無法想出好的構想，會議最後的結論常常是「下次再決定好了」。這樣的開會方式實在是浪費時間。

面談也好，會議也罷，若有什麼問題必須解決，就得針對解決的方法提出建設性的意見。若能提出建設性的意見，讓旁人見到問題有可能解決，別人就會認為你言之有物。

11 容易怯場的人可以試著說慢點兒

如果腦子裡一面想著「我要在三分鐘內把話說完」，一面又想盡可能說很多話，就很容易說得像連珠炮，或是語無倫次。例如電視上的談話性節目快結束時，主持人會向來賓說：「最後請每個人用一分鐘做結論。」這時，怎麼利用這一分鐘，就可看出來賓說話技巧的高下。

有些人說話速度會變得飛快，感覺喋喋不休；有些人說話速度和平常一樣，但時間到了還來不及說完；有些人則會將之前講的話抓出要點，只簡短地重提一遍。各種類型的人都有，但大致來說，一般人一旦被限制在一分鐘內發言完畢，就無法說得比之前好。

之所以會這樣，是因為說話時間受限時，人的心中會產生「焦慮」。即使早已習慣在大眾面前說話的人，像是政治人物或評論家，要在限定的時間內也很難說得令人滿意。

收尾時能簡潔有力表達自己觀點的人，最能夠令聽眾留下深刻的印象。好不容易有這個機會，卻沒有好好把握，就太可惜了。

曾有一位世界著名的哲學家受邀演講，但他是個極容易緊張、怯場的人，自認不擅長演講，因而非常傷腦筋。隨著演講日一天天逼近，他越來越害怕，甚至希望自己能發生什麼「意外」，比如腳跌斷之類，這樣他就可以不用演講了。

當然，意外並沒有發生。最後他是如何解決這個問題的呢？

聰明的他回想以往的幾次經驗，發現一件事，就是：越是想把話說好，就會說得越糟糕。

於是，他告訴自己：

「說得好也罷，說得差也罷，都沒啥大不了，都絲毫不會對宇宙造成影響。」

他不斷地這樣告訴自己，後來發現，越是不在意說得好不好，表現越佳。最後他甚至成了演講的行家。這則軼聞值得大家參考。

容易緊張的人比較吃虧，因為他們在眾人面前時，往往連平常一半的實力都表現不出來。

我們常聽到一種教人克服怯場的方法，那就是「別把聽眾當人看，把他們看成南瓜」。我克服怯場的方法，則是一開始說話時速度非常的慢，慢到甚至令人感覺幼稚、有點笨拙。

用非常慢的速度說話，當然不是好的說話方式。但妙就妙在這裡：容易怯場的人常常會意識到自己容易怯場，可是越這麼想越容易怯場，形成惡性循環。如果一開始說話的速度非常慢，聽眾一定會覺得奇怪：「咦，怎麼了？」這樣一來，說話的人就不得不修正說話的速度，轉而把注意力擺在這上頭。

換句話說，他把意識集中在「要趕緊恢復正常的說話速度才行」。在這樣的情況下，他反而忘了自己容易怯場，而一個容易怯場的人一旦不再意識著「我很容易怯場」，就會表現得和正常人一樣。

因此，用什麼方法都可以，只要那個方法能使你擺脫「我很容易怯場」這念頭就行了。

小澤征爾是世界知名的指揮家，每次出場時他都會請一個人拿一塊木板站在舞台旁邊，他一定先摸一下那塊木板才步入舞台。據說這麼做他就不再緊張了。

「用非常慢的速度說話」猶如一種符咒，有不可思議的效果。如果你為自己很容易怯場而煩惱不已，不妨試試這個法子。

12 圖像比言辭更容易令人留下印象

有時候話說到一半，不知道什麼緣故，會突然一下子說不出話來。即使事前有充份的準備也會發生這樣的事。關於這事，有一則有趣的故事：

有一位男子下定決心，想向正在交往的女友求婚，為了一舉成功，他在求婚前一天擬了一篇劇本：

場所是○○公園。一開始男方要這麼說，女方大概會這麼回答，接下來男方這麼說……。最後，男方關鍵性的一句話是如此如此……

第二天，他抵達約會的公園，並且按照昨天寫的劇本，一字不改地說了第一句。不料，女友的第一句話竟然與他設想好的回答完全不同。

男子愣住了，把絞盡腦汁寫的劇本忘得一乾二淨，接下來應對得語無倫次。幸好他最後還是與那位女友結了婚。不過檢討起來，他的求婚計畫失敗，原因可以說正是因為他寫了那篇劇本。

總之，他太過依賴言辭了。我們會說話說到一半突然停住，不知道接下來要說什麼，這問題有時出在內容，但常常是太依賴言辭的關係。

要解決這種情形，我們可以試試一個方法：先讓腦海浮現情景，然後像要畫素描般將它說出來；也就是說，先讓情景映在心中，然後再化為言辭，把它說出來。

在婚宴上致辭時，如果能以這種方式表達，說出來的話肯定會相當感人。

如果是說有故事性的話題，這種「圖像模擬」的技巧尤其適合。比方說，有人請你在婚宴上致辭，如果你認識新郎新娘，就把他們當作男女主角，像拍攝家庭影片一樣，先在腦子裡拍攝一遍。如果你是其中一方的友人，可以把自己和他（她）之間的友誼組成一個作品。一旦完成這樣的構思，就不需要再做其他的準備了。

正式致辭時，你只要在腦海裡重新播放那個作品，「話」自然會從你嘴裡流洩而出。前面提到的那位求婚的男子之所以失敗，就是因為他捨棄圖像模擬，而太倚賴台詞了。

圖像模擬的優點是：資訊量非常豐富，可以在很短的時間內看到所有內容。無論你取圖像的哪一部分，都可以將它們化作言詞。先讓腦子浮現畫面，要說什麼自然而然會形成。

倘若想在短時間內說出內容紮實的話，必須具備許多知識與資訊，也就是把它們像檔案般從腦子裡調出來。要把知識與資訊「圖像化」或是「文字化」，道理就如同一則故事是藉影片播出來，還是拿一本書來看一樣。

如果是個人要欣賞，書或許較雋永，可以細細品嚐。但倘若是要把一則故事說給別人聽，用圖像記憶應該比較容易吧！因此，想要提升說話的能力，訓練自己把圖像錄下再播放出來，是個相當不錯的方法。

據說，日本將棋（日式象棋）界最頂尖的棋士羽生善治，便是把所有棋譜都轉化成圖像，深深烙印在右腦。頭腦之所以優越，可說是它的圖像化功能發揮了作用的關係。為了增進與人交談的能力，各位不妨常常練習將記憶給圖像化。

13 怎麼樣製造插話的時機？

開會的時候，想要陳述自己的意見卻一直找不到機會發言。你是否常碰到這種情形？為什麼無法發言呢？因為別人正在說話，你若不管三七二十一地插嘴，不但會打斷別人的發言、導致對方不高興，還可能破壞了開會的氣氛。

既然找不到機會發言，那就靜靜坐著聽別人說話就好？不，這就失去參加會議的意義了。你還是得想辦法找機會表示意見才行。問題是，怎麼找呢？

在這種情況下，要取得發言的機會，最好的方法就是「發問」。一旦你發問，對方就得回應，你便可以在這一問一答的過程中找到陳述意見的良機。

要注意的是，「發問」不是你的目的，只是製造發言機會的方法，所以不能聽了對方的回答後只是說：「噢，原來是這麼回事。」然後就不再採取行動。這樣會喪失表達看法的良機。

事先想好待會兒要怎麼陳述自己的意見，然後再發問，等對方回答問題後，設法將話題轉到自己的意見上。這時候，要盡可能簡單扼要地陳述意見，這樣才是成功的插話。

在我看來，日本人探討事情的能力實在令人不敢恭維。朝日電視台有一個議論性節目叫《實況播出到早上》，看過之後就知道日本人議事的能力有多差了。出席這節目的來賓往往沒搞清楚狀況就搶著發言，或拚命找機會插話。一搶到機會發言時，也不管話題談到哪兒，只是一股腦兒地述說自己的看法。這樣根本不能稱為「議論性」節目。

日本的國會現在已懂得設定「發問時間」，變得比較像在議論，不過還有很大的改善空間。在當今國際化的浪潮中，我們若不想被拋在後頭，就要從義務教育階段開始，好好地教導下一代議論的方法。

14 發表意見時，人人平等，要不卑不亢

一般而言，在公開場合說話可分兩種：一種是像報告、演溝，一個人說話，其他人安靜地聽；另一種是像面談、會議，參加的人都有機會發表自己的見解。

在第一種場合，你可以盡情抒發自己的主張。當然，聽眾反應如何，那是另外一回事。問題是，在第二種場合，當參加者獲准發表自己的看法時，該怎麼表達才好呢？在場聆聽的人大致可以分成三種：一是地位比你高的人，二是地位跟你相當的人，三是地位比你低的人。在這種情況下，你要怎麼發言呢？

簡單地說，在議論的場合，所有參加者都是平等的。因此，就算你的地位比別人低，陳述意見時也不必覺得自己低人一等。用詞遣字謙虛一點、禮貌周到一些是有必要，但除此之外，表達看法要不卑不亢，就算有董事長在座也一樣。

反過來說，如果你是董事長，發表意見時也不應該以上位者的立場發言，而必須把自己當成一般員工。這才是真正的議論。在議論的時候，人人平等，這是議論的基本原則。

倘若不是如此，階級低的人發表意見不會受到重視，不然就是被認為沒大沒小、不懂職場的倫理；階級高的人發表意見，下位者則不敢有任何異議。這麼一來根本不是在討論。

日本人開會時大多是以下情況：上位者以上位者的立場講話，下位者也以下位者的立場表達意見。這樣的會議沒有議論功能可言，只是一種「傳達上位者看法的會議」罷了。那麼，又何必要開這個會呢？只能說是要藉此要告訴大家「這件事是經由開會決定的」。

在金字塔型的公司組織之中，這情況或許有些無可奈何，幸好最近情況已稍微改善。但為了因應時代的變化，我們應該訓練自己能夠不卑不亢地在會議中陳述主張。到時候，別忘了「發表意見時，人人平等」。

15 善用資訊工具，讓溝通更有效率

我之所以主張說話在「三分鐘之內」，與現代資訊工具發達不無關係。現在我們和別人聯繫的方法有很多，例如電話、手機、傳真機、e-mail、信件、明信片、宅急便、機車快遞等。由於這些資訊工具發達，人們見面說話的時間縮短很多。在這層意義上，「三分鐘之內」可說是以善用這些工具為前提。

我什麼事都要求「速度」，有些人說我是急性子。但我認為，急性子與重視速度是完全不同的兩回事。

「急性子」是指還沒很清楚了解狀況之前，就想要著手做事。而重視速度，則是指充份了解狀況之後，能夠做的事前準備也全都做了，然後盡速把事情完成。

那麼我為何重視「迅速」呢？因為我想跟上社會的節奏。現代社會的節奏變快了，如果以往昔的時間感來做事，就會跟不上時代。尤其是和工作有關的事，為了在競爭中贏得勝利，工作應該盡快完成。

尤其如今網際網路普及，加上手機的附屬功能越來越多，現在全世界的人好像生活在同一個村莊，可說天涯若比鄰。

散居在巴黎、倫敦、紐約、東京、新加坡的人，可以一同開視訊會議。如果只是要傳輸資訊，瞬間就可以傳遍全世界。在這樣的時代，我們怎能在咖啡店花一、兩個小時談論簡單的事情呢？

能夠藉資訊工具解決的事，就要善用這些工具解決。只有在必要時，我們才採取必要的行動。或許有人會說：

「那麼急幹什麼？」

做事迅速而有效率，可節省很多時間，讓我們更有餘裕做自己喜歡做的事情。因此可以說，做事有效率能夠使我們的人生更豐富、更充實。

「說話盡可能簡短」這樣的主張，只限於與工作有關的事。至於私生活，那麼說話速度再怎麼慢、再怎麼浪費時間，都是個人的自由。工作時迅速，休閒時輕鬆，是很正常的事。

有些人不太會使用資訊工具。這無妨，再怎麼不擅長使用資訊工具的人，起碼會使用電話、手機和傳真機吧！這就夠了。個人電腦在不久的將來，也會進化得更簡易，使用起來更方便。

不過，就算你不會用電腦，也不能沒有以「迅速」為最高原則的資訊感。沒有這種資訊感，思考與行動會跟不上時代的腳步，難保哪一天不會被公司列入裁員名單。今後，「能否提出自己的主張」是件重要的事。就這個意義而言，擅長使用電腦與否尚在其次，更重要的是，能否把話說得言簡意賅。

近年來，企業界作簡報時常使用power point，以條列式摘要、圖表、斗大的字、關鍵字等來呈現基本內容。這是使用power point作簡報時的特點。

但是使用power point作簡報時，很少三分鐘就結束。因為作簡報的人往往非常認真，這個也想談談、那個也想提提。就這點而言，power point這個資訊工具並沒有被妥善運用。

如果能夠以power point在三分鐘之內簡潔地報告完畢，那就更完美了。

〔第二章〕

讓人豎耳傾聽的說話技巧

想要使人願意聽你說話，甚至進而信賴你，
就要懂得體貼聽者的感受。
先點出結論、運用比喻、援引客觀數字、挑適當時機，
乃至改善說話特質等，
都能使人對你更有好感，豎耳傾聽你要說什麼。

16 能力強的人與能力弱的人有何不同？

在一個鋪滿小石子的庭院，正在舉行劍術教練任用考試。藩主大人坐在宅邸的走廊觀看，左右兩側各站著一位負責保護他安全的武士，一個名叫甲之介，一個名叫乙兵衛。

突然，不知從哪兒發出一支箭，往藩主大人射去。

甲之介立刻往前踏一步，抽出腰間的武士刀，以迅雷不及掩耳的速度把箭砍落。周遭的人看到這幕光景，爆出喝采：「不愧是甲之介！反應敏捷，劍術高超，救了藩主大人一命！」對站在一旁動也不動的乙兵衛則沒什麼好評價。

但某位獨具慧眼的人卻持不同的看法。他說：「乙兵衛真了不起。甲之介的修行還不夠。」他的理由是：以那支箭射的方向來看，根本傷不到任何人，包括藩主大人。所以沒有必要將箭砍落。乙兵衛一眼就看穿這支箭不會構成危險，所以一動也不動，當然是他的修行較高。這個獨具慧眼的看法傳開後，獲得大家的認同，乙兵衛的名譽得以恢復，而且凌駕甲之介。

這是往昔武術的一種美學。這種美學拿到現在，還管不管用呢？

舉一個棒球的例子來說。打擊者揮棒把球打得又高又遠，球飛到靠近三壘觀眾席與球場之間的上空後往下掉。如果三壘手看到球的軌跡後判斷應該會掉到觀眾席，因此絲毫不動，觀眾恐怕會對他的表現不滿，報以噓聲，要求他更認真、積極地比賽！

在現代，為了讓人認為你是能力強的人，就必須表現出認真、積極的態度。即使認為球會掉到觀眾席，也必須往球掉落的方向跑，展現接殺的企圖。換言之，甲之介這類型的人才會受到高度評價。

說話也一樣，尤其是跟工作有關的談話。對任何事情常保正面態度的人，或傾向正面發言的人，比較容易獲得高評價。相反地，常以負面的觀點看事情，或傾向負面發言的人，則很難受到肯定。

表現自己的方法有兩種，一種是言語，一種是行動。哪一種比較重要呢？一般來說，行動比較重要。因為再怎麼能言善道，若光說不練，一點意義也沒有。

所以有些人覺得「只要以行動表示就行了」，認為「巧言令色鮮矣仁」。他們討厭多話，寧願盡量保持沉默。以前有一句令人印象深刻的廣告語：「沉默的男人，札幌啤酒。」這文案之所以會紅，正因為符合日本人的精神。

不過時代已經不一樣了。

在現代，默默行動的人已得不到高評價，因為他們經常只是等待上司的指示。以往，上司指示「做這個」、「做那個」，下面的人只要照著做就萬事ＯＫ。你沉默不語，自然有工作來找你，所以沒必要多言。

那麼今日又是如何呢？

你必須自己策劃工作，得到上司的認可，然後獨力完成。換言之，作簡報成為一件很重要的事。有些公司雖然還沒做到這個程度，但「一個口令、一個動作」的現象已不復存在，上司在下達命令前，必須先說服部屬才行。

如果只問成果、只論實力的情況更進一步普及，那麼不懂得表現、不擅長說出自己主張的人就要吃大虧了。不管從哪個角度來看，在工作場合「公開說話」已是必然的趨勢。

在這樣的時代，如果你一開口都是「沒辦法」、「我做不來」、「這太難了」之類的話，對方肯定會回你：「算了，我請別人做好了！」你就等著被公司炒魷魚吧。就算不太有把握，你也得鼓起勇氣說：「我做得到！」然後去嘗試，盡力完成。「做得到」固然重要，還要「被認為做得到」才有機會表現。

現在為什麼強調成果主義、實力主義呢？理由有兩個。

一個理由是，我們思考、感覺的過程都是在腦中進行，別人看不到，自然無法給予評價。成果主義就是「把你腦中的東西讓人看得見，否則，什麼都不算數！」

另一個理由則是，現在是知識經濟的時代，個人的思考與感覺可能有很高的價值。換句話說，這年頭講究的已不是「量的差距」，而是「質的差距」。在這樣的時代，你不只必須提供品質更好的成果，還要將你的成果表露給別人看，如此才能得到好評。

17 先說結論，再回頭細說原委

以前日本有一位首相叫大平正芳，人稱「啊—嗚—首相」，因為他說話時有個習慣，一定會在每一句話前面加上「啊——」或「嗚——」，而且拖得很長。

大平正芳曾經為他這個習慣辯解：

「我說『啊——』的時候，是在考慮要說什麼？說『嗚—』的時候，是在想著要用什麼詞彙表達。」

由於這種獨特的說話方式，聽的人不知他接下來要說什麼，所以儘管心裡著急，也得耐心等待他的下一句話。

用這種方式說話，你無法在有限的時間內簡潔地表達自己想說的話。要明確表達自己的意思，首先必須說出結論，若一邊說話、一邊找結論，不可能簡潔明快。

大平正芳是堂堂首相，不管他怎麼說，別人都必須豎耳傾聽。但你我可不是大人物，如果說話也那麼拖泥帶水，肯定有負面的影響。那麼，該如何先說結論呢？

祕訣有幾個，但最重要的是瞬間的判斷力。這需要靠平常的訓練。平常說話時就必須養成習慣，先說結論，再從容不迫地細說理由。如果後來的說明不怎麼詳細，但因已把結論傳達清楚，起碼是及格了。

「要是某件事無法簡單地下結論，也必須先說結論嗎？」或許有人會這麼問。我認為，即使沒有結論，也可以說「類似結論」的東西，這樣才能把話說得簡潔。你先說類似結論的東西，彼此再以這個東西為前提展開對談，會比較理想。否則談話沒主軸，想到哪、說到哪，不知要談到什麼時候。

而且，平常訓練自己先說結論還有一個好處，就是能鍛練思考、整合的能力。

另一件事情也很重要，就是你必須有自己的想法。在價值觀多樣化的今天，你以什麼樣的價值觀來判斷事情，必須讓人明白。

如果對方知道你在什麼場合會有什麼想法，事情很快就可以處理完畢。另一方面，你也應該預先知道對方是基於什麼樣的價值觀來下判斷。

有人會認為，一開始就說結論，萬一說錯了怎麼辦？

《孫子兵法》說：「兵聞拙速，未聞巧遲。」意思是說用兵與其靈巧卻緩慢，不如笨拙卻快速。也就是說，快的話，即使發現有錯誤，也還有時間改弦更張。

當你要從兩個或兩個以上的選項中選定一個時，無論選擇哪一個，通常都沒太大的差別。一個人花了很多心思想出來的幾個選項，不可能都一無是處。假如有三個選項，那麼它們之間的差別可能只是一個八十分、一個七十分，一個是六十分。

或許八十分是最好的選項，但即使是六十分的選項，努力做的話，結果也能夠達到八十分、甚至九十分。如果選擇了八十分的選項，卻馬馬虎虎地實行，最後結果也可能只有六十分。

因此與其遲疑、蹉跎而喪失良機，倒不如迅速選擇，然後努力實行，求得最後的高分。這才是聰明的做法。

18 如何贏得別人的信任？

和別人說話，別人的反應卻很冷漠，這時我們得探討為什麼會這樣。對方反應冷漠的原因大致分成三種：

第一，你說的事情很難令對方相信。就算你說的是事實，但若超越一般常識的範圍，對方也很難相信。如果是這種情形，最好事前準備一些能說服對方的相關資訊。

第二，對方無法理解你說的內容。有時對方會因知識或資訊不足，無法理解你在說什麼。這時你必須用對方聽得懂的程度去談。這不是一件容易的事。

第三，對方對你說的事情沒興趣。你很熱心解說，對方卻沒有很認真聽。這時你必須有一套技巧令對方對你說的事情感興趣。這也不是容易的事。

不過有個方法可以一舉解決這三個問題，那就是贏得對方極大的信任。如果能夠這樣，那麼無論你說什麼，對方都會有正面的回應。

一旦得到對方的信任，不管你說的話多麼令人難以相信，對方也會認為可信；即使是對方無法理解的事，他也會因為是你說的而接受。總而言之，贏得信任後，要說服對方就容易多了。

那麼要怎麼樣才能得到對方的信任呢？

答案是：要隨時準備好有充分證據的話題。例如你說：

「人類現在能夠在極小的、像一根頭髮直徑那麼小的空間，製造出咖啡杯，杯子還真的可以裝咖啡。」

「你是吹牛的吧！」對方如果不知道現在先進的奈米科技，可能會這麼說。這時你可以拿出以奈米科技做成的咖啡杯照片或影像給他看，證明你不是胡謅亂蓋。像這樣，你跟對方談「拿得出明確證據的話題」，然後再詳細解說，令對方心服口服，久而久之他自然會覺得你值得信任。

此外，你也可以抬出大家都信任的權威人士：「某某人這麼說。」這也頗有效果。總之要使別人信任你，就得讓對方有「這個人講話不會很主觀，而是有憑有據」

的印象。

一旦獲得對方的信任，除非你說話荒謬無稽或敷衍搪塞，否則對方會一直信任你。有這層信任，雙方談起話來速度便可以更快些。如果周遭有很多人信任你，做起事來一定更順暢。

能力強的人有兩種：一種是技術能力強，一種是人際關係能力強。如果你的技術能力不夠，那麼可以試試加強人際關係能力，以這個能力取勝。

19 口才好的人會先蒐集資訊

有些寫得很好的專欄，文章雖短，內容卻是原汁原味，值得細細品嚐，讀後回味無窮。八百至一千字的短文，為什麼會令人感覺內容非常豐富呢？

理由有兩個：

一個是作者大量蒐集資訊，從中挑出適合的材料，巧妙地放進文章裡。據說，有些報紙專欄作家為了寫好專欄，時時刻刻都得注意全世界的訊息。

另外一個理由是觸角廣泛。好的專欄作家不僅會隨時檢視社會現象，還不斷充實歷史、藝術、宗教、哲學等各領域的知識。

由於有這樣的努力，才能夠寫出有深度的文章。

我們要把話說好，也得如此。要懂得很多資訊，具備許多領域的知識，說的話才會有趣。一個人話說得有趣，聽者會不知不覺就被他吸引，進而信任他。因此，若想工作順利，不僅要提升專門領域的技巧，這方面也得下工夫才行。

那麼要怎麼蒐集資訊呢？

對現代人來說，蒐集大量的資訊並不困難，就算你人在家中坐，一樣可以從電視接收到一些資訊。你可以在許多地方看到報紙、雜誌，也可以上網，很容易就查到特定主題的資訊。

但這只能說我們生活在資訊的洪流中。大家仔細想想，這些資訊真的對我們有幫助嗎？其實幫助不大。

光蒐集資訊是不夠的，重要的是，平常就必須培養對資訊的判斷能力，才能釐清資訊的價值，篩掉不必要的訊息。

所謂資訊的價值，是指「對自己有沒有用」，對你有用的資訊才具有價值。

如果自己沒有培養出對資訊的判斷能力，就無法判別資訊的價值。比方說，一般人或許會認為報紙上標題越大的新聞越有價值，但是新聞標題的大小是報社編輯下的判斷。

判斷資訊價值能力好的人，能從報紙角落的小小一則新聞，讀到時代潮流變化的前兆。

你必須根據自己的興趣或需要，蒐集自己合用的資訊，在這過程中，便可以逐漸培養判斷資訊價值的能力。

20 援引數字可使談話更顯客觀

說話時若能適時採用數字，不只能使內容更顯客觀，聽者也較容易聽懂，此外還有個優點——用數字說明比用文字說明更節省時間。因此，想要在短時間內說有意義的話，就必須善用數字。

「二十五年前，有五二％的人信任銀行，現在只有十一％的人信任銀行。」

這樣的說法很容易理解，和以前相比，如今銀行的信用非常不好。如果不使用數字，會怎麼說呢？

「以前的銀行相當有信用，現在的銀行信用不好。」

誰都知道銀行的信用不好，因此這樣的說法沒辦法使人更進一步理解「銀行信用有多麼不好」。如果適度使用數字說明：「現在十個人中只有一個人信任銀行。」就可以促進理解。

談到景氣也是如此。誰都知道景氣不好，但到底有多不好呢？很少人確實知道。如果用一些數字加以說明，效果會怎麼樣？

「三十年前，日本有七成公司是盈餘，三成公司是虧損。現在剛好相反，盈餘的公司只有三成，虧損的公司佔了七成。」

以這樣的方式說明，聽的人就能夠清楚知道日本現在的經濟處境多麼艱難。

不過使用數字之前，得先正確地了解那個數字代表的意義。例如，在談現在日圓對美元的匯率是多少之前，必須先了解日圓升值和貶值各代表什麼意義，以及過去日圓對美元的匯率走勢。

同理，失業率、GDP（國內生產總額）、總統的支持率、股價、電視節目的收視率等，都不能只知道現在的數字，而必須理解這些數字所代表的含意。如果你自己都不了解這些數字，自然很難把它們掛在嘴上。

還有，使用數字時，必須非常小心，別弄錯位數，明明是一千，不能說成一萬或一百。相反地，若小心謹慎，不弄錯位數，則尾數可省略。

21 會說話的人擅長作摘要

所謂作摘要，就是把文章或說的話濃縮成幾項重點。會說話的人，毫無例外都擅長此道。作摘要的好處是可以節省時間。我們來看看下面這段文章：

世界的歷史大致可分成四個時代：每個人確信自己知道每件事的時代；每個人認為自己什麼都不知道的時代；只有知識份子以自己的知識為傲，一般世俗大眾發覺自己很無知的時代；最後一個是，一般世俗大眾以知識為傲，知識份子卻懷疑自己的知識價值的時代。（羅素，《關於人生的斷章》）

這段文章之後，羅素還對各個時代作了較詳盡的說明。令人驚嘆的是，前面的這段摘要，把長達六千年的人類歷史，從某個觀點作了精闢的解說。

這樣的摘要，若是由作者以外的其他人來作，恐怕得讀好幾百本書才行。話要說得好，一定要懂得抓重點，因此得學會作摘要的方法才行。

那麼，要如何學會作摘要呢？如果你想一邊吸收知識、一邊訓練，可以閱讀報紙的社論，然後試著把社論的內容寫在一張紙上。比方說，某日甲報的社論在談〈京都議定書〉，也就是一九九七年十二月，一四九個國家和地區的代表在日本東京召開「聯合國氣候變化綱要公約」會議後，所通過的限制溫室排放量以抑制全球暖化的協議。你若讀了那篇社論，就會對〈京都議定書〉的發起、經過到現狀以及有什麼問題，有一定程度的理解。你可以試著在一張紙上把讀到的東西用文字、圖式、圖解標記下來。或者，你可以挑一本有興趣的長篇小說來讀，把故事的情節和書中的人物，以文字、圖式、圖解寫在一張紙上。

如果你常常做這樣的練習，自然能學會如何選擇資訊、理解資訊、掌握事情的全貌，進而培養出預測趨勢的能力。

22 善用「比喻」能幫助聽者理解

另一個將話說得更好的方法，是善用「比喻」。比喻若用得巧，你要說明什麼，聽的人一下子就能了解。

例如，別人問你：「複製人是什麼？」你若正經八百的用專業術語回答，沒有這類知識背景的人能否聽得懂很難講。但要是你這麼回答：「孫悟空拔自己身上的毛，用嘴一吹，就可變出幾百個同樣的孫悟空。遺傳學也可能做到同樣的事。」就算是小學生，也大致能明白。

本來很複雜的事，或本來需要詳盡說明的事，有時候用一個簡單的比喻就能使對方很快理解，這正是比喻的威力。這招一定得學會，才能增進表達的效果。

那麼，要怎麼樣學會使用比喻呢？

這需要敏銳的觀察力、豐富的想像力，以及多角度的觀點等，各種能力綜合運用。所以很難說「只要這麼做，就會使用比喻」。不過可以肯定的是，擅長比喻的人經常從書籍取材。你可以閱讀一些名言集，其中有很多巧妙的比喻，值得參考，以下我舉幾個例子：

得不到回報的愛戀，好比被霜雪凌遲而枯萎的樹。

——維加（Lope de Vega）

結婚就是沒有攜帶羅盤，在從來沒有人航行過的大海航行。

——海涅（Heine）

多閱讀這些精簡的名言，把它記在腦中，將來在某個談話場合你就可能靈光一閃，在適當時候脫口而出。

擅長比喻的人，不會在事前準備太多談話的內容。他的比喻是即興的，在自然的情況下說出。自然地脫口而出的比喻，往往非常傳神、精妙。

23 留心社會動向，適度使用流行語

說話時要使用多少流行語呢？有些人會有這樣的疑問。這點見仁見智，不過，談話中適度使用流行語，確實能使人得知你是個能幹的人。

為什麼呢？因為這樣可以間接顯示你對社會的動向很敏感，觸角很廣，跟得上時代的變化。

不過，到達一定的年齡之後，使用流行語的頻率要有所節制，否則會使人覺得你不夠穩重。此外流行語「退流行」也很快，倘若使用不當，反而會令人覺得你跟不上時代，這一點也必須小心。

有一些用語雖稱不上是流行語，但媒體經常使用，例如「無障礙空間」、「兩性平等」、「性騷擾」等，建議適度了解它們的內涵，適度使用。

有些人覺得使用流行語不太莊重。其實語言原本就會跟隨時代而變化，新用語最初常常遭受批評。但我認為既是當代的人，用些當代特有的語言無妨。

我們應該對新出現的用語抱持寬容的態度，不能貿然因為與自己的語感不合，就否定、批評它們。

用語越是有人使用，就越有價值。一段時間之後，沒有價值的語言自然會消失，有價值的語言會留下來，新的表達方式則取代舊的表達方式。這是所有時代都會有的現象。

如果想要話說得生動，別忘了適度使用流行語和新用語。

24 勇於表達自己的見解，才能溝通無礙

日本人有一個缺點，就是旁人問他有什麼意見時，他的回答常常平淡無奇、不痛不癢。

在美國，民眾普遍能理直氣壯地說出自己的意見。例如，發生悲慘的犯罪事件時，面對電視台記者的採訪，當地居民會說一些大膽的看法，像是：

「為了維護治安，應該更加強警員們的裝備。」

當然，一定有其他人持反對意見。不過，你有你的看法、我有我的見解，大家暢所欲言，看見那樣的景象，真教人羨慕當地社會的活力。

同樣的事若發生在日本，居民多半會這麼回答：「真可怕！」、「太教人吃驚了！」好像這事件與自己沒什麼關係。這是因為日本人往往不敢大膽說出自己的想法

所致。

例如有一則報紙的讀者投書，內容是投書者居住的地區有小學，因此道路上設有「注意學童，慢行」的交通標誌。但由於道路頗寬，來往的汽車甚至卡車經常無視於「慢行」的警告，急駛而過，非常危險。

針對這樣的情況，投書者最後寫道：「有沒有什麼好的方法呢？」這不是意見，也不是主張，只是嘆氣，希望別人幫他解決問題。報紙上經常可以看見這樣的投書。投書的人不願明確說出自己的看法。

以往，這種遮遮掩掩、欲語還休的態度，日本人大多習以為常，不認為有什麼不好。「報紙這麼寫」、「某某人這麼說」，大家喜歡拿別人的話當自己的意見。可是時代不同了，現在你若是不勇於表達自己的意見，就得不到好評價。

有一次，我和某人力公司的董事長見面，我問他：「貴公司喜歡找什麼樣的人才？」他回答說：「有禮貌、有個人風格、往前看，以及能說出自己意見的人。」

或許你自認自己的意見沒什麼，但別人可能覺得很不錯，所以建議各位，一定要試著說出自己的想法。

25 知道自己的聲音特質與說話習慣

以後，每個人在眾人面前講話的機會可能會越來越多。因此，有必要先了解自己說話的樣子。現在攝影機很普遍，你可以利用攝影機客觀地認識自己的聲音特質和說話習慣。你可以一邊看錄影、一邊研究自己的缺點。

說話有沒有說服力，聲音的特質是一個重要關鍵。

有一位電視購物頻道的主持人聲音很洪亮自信，據說許多家庭主婦會一邊拿吸塵器打掃、一邊聽那位主持人介紹商品。由於這個緣故，那位主持人的銷售業績遙遙領先同業。

另外，有一位男演員常被請去作旁白錄音，因為他的聲音非常柔和而有磁性，據說有治療病痛的效果。既然世上有這麼優美的聲音，也一定有聽來令人不悅的聲音。你應該好好認識自己聲音的特徵，如果發現有什麼明顯的缺點，就要盡量改善。

除了聲音的特質，方言也可能是個問題。不過沒有必要非得矯正成標準國語。方言不能算是缺點，地方上獨特的腔調反而會令人有親近感。

說話方式除非有很明確的缺點，否則與其矯正不得其法、越矯正越糟糕，不如把它當成個人獨特的風格，坦然接受。

為了寫這本書，我做了一份問卷調查，問題是「你不喜歡什麼樣的說話方式？」答案大致有下列幾項：

◎發音含糊不清。
◎聲音有氣無力。
◎聲音太小，聽不清楚。
◎說話太快，語尾聲調上揚。
◎說話喋喋不休。
◎聲量過大。

◎該停頓的時候不停。

這幾項中，有沒有哪一項是你的缺點？

如果有，可以試著慢慢改進。因為你可能因為那項缺點而損失很多東西呢。聲音的特質很難改變，但說話習慣是只要肯努力就可以大幅改善。

說話的方式是可以改的，要體認到這一點。

好的說話方式有哪些？不好的說話方式有哪些？你可以研究看看，說不定會有意想不到的收穫。

26 挑對說話時機，對方更聽得進去

有個人在家裡剛吃完晚餐，突然想起當天晚上有個朋友邀請他去晚宴。他匆匆忙忙趕到那位朋友家，但由於已經在家裡吃得很飽了，後來他對別人說，那頓晚宴吃得很痛苦。

吃得很飽時，卻有人請你吃飯，且盛情難卻，那的確很痛苦。心裡不但不會心存感謝，恐怕還有點埋怨。大家多少有過這種經驗吧。

從這件事可以知道「時機」的重要性。有時候，再怎麼誠心誠意說話，對方卻一點也不領情。這時，有問題的可能不是所說的內容，而是說話的時機。

說不定，你說的那些話對方已經聽過很多次了。這情形就好比你請對方吃飯，對方卻已經吃飽一樣。若是如此，你說的話就算再怎麼有益於對方，對方也聽不進去。

因此，和別人說話時，要判斷清楚現在對方是不是容易接受你即將說的話。要有同理心，站在對方的立場想想看你說的話他能否接受。

願意站在別人的立場講話的人，自然令人喜歡和信任。如果平常這兒、那兒地四處散播信任的種子，未來總有豐收的一天。

反之，以自己為中心，想講什麼就講什麼，完全不考慮對方的立場、對方的想法，這樣只會結下許多惡緣。

除了時機，交談時你還得考量對方的個性。如果能考量對方的個性，選擇適當的話，最後通常有較高的機會達到你想要的結果。

《奧塞羅》是莎士比亞創作的四大悲劇之一。這齣劇作裡有一位名叫依阿高的人，他非常會利用別人的個性。奸臣依阿高向人格高尚的將軍奧塞羅打小報告說，奧塞羅的妻子德斯底蒙娜紅杏出牆。奧塞羅信以為真。為何奧塞羅會上依阿高的當呢？

因為奧塞羅人格高尚、為人正派，絕不說謊，他以自己的標準去看別人，於是就以為別人不會說謊。

我們當然不是要向依阿高學習如何害人，而是覺得依阿高這種能夠洞察別人個性的能力，有值得我們參考的地方。

〔第三章〕

不浪費時間的說話技巧

東拉西扯、不著重點，
最容易令聽者失去耐性，當然也就達不成溝通目的。
事先了解對方興趣，交談時用對辭彙，
專注傾聽對方說什麼，並坦率提出疑問等方法，
能引導談話流暢進行，是忙碌現代人必學的功課。

27 論旨明快才能在短時間內說服對方

塚原卜傳是日本戰國時代著名的大劍客。有一天，塚原卜傳看見一位石匠拿一把槌子將一塊大岩石劈成兩半。塚原卜傳覺得很不可思議，便問石匠是怎麼辦到的。石匠告訴他：

「每一塊岩石都有眼睛，槌子若對準那個長眼睛的地方，就可以輕易將岩石分成兩半，如果沒對準，那麼再怎麼用力也無法劈成兩半。」

塚原卜傳聽了石匠這一席話之後，參悟了劍術的奧祕。

這道理也可以用在說話技巧上。說話若不得其法，一定達不到預期的效果。相反地，如果能找到對方的「岩石之眼」，說話時針對那關鍵之處，那麼就可以在很短的時間內說服對方。那麼，「岩石之眼」要怎麼找呢？

首先，不要喋喋不休、囉哩囉嗦。這表示你想要尋找岩石之眼的企圖心非常薄弱。如果你真有意找出岩石之眼，就必須抓住要點，開門見山說出事情的核心。論旨要明快，說話要簡潔。

其次，話題的核心無須說得太詳細，點出大略的方向即可，但細節部分應該說得很正確。這樣可以增加對方對你的信任。

例如，以杜撰「故事」來說，即使核心的部分在現實上根本不可能，但倘若細節部分記述得很正確，仍會使人感覺「這故事是真實的」。

還有，要在短時間內達到具體的成果，說話方式必須要讓對方下決斷。你得讓對方知道你現在的目的是什麼，以及你希望他做什麼事。

在短時間內說服對方的祕訣是：

◎論旨明快，直指事情的核心。

◎要注意細節部分的正確性。

◎要讓對方做出決斷。

還有一件事很重要：要是對方是個短時間內無法說服的人，你固然可以嘗試說服看看，但要避免進行長期對抗、死纏爛打地試圖說服他。在很多時候，那只是徒然浪費時間與精力罷了。

「本來就是這樣啊！」或許有人會這麼說，好像這事大家都知道。其實很多人都在不知不覺中做這樣的事。優秀的業務員絕不會犯這種錯誤。

好的律師在接訴訟案件時，若是判斷這個案子會輸，就不會接。當他判斷這案子勝敗難料，但輸的可能性比較大時，他會設法引導兩造當事人和解，也就是雙方不輸也不贏。

一樣的道理，當你從種種跡象發覺對方是個很難說服的人，你就放棄吧。若是繼續勉強進行，可能會為將來的紛爭、對立、怨恨、憎惡等埋下種子。任何事明知不可為而為，通常沒什麼好結果。

28 學會更豐富的詞彙，並正確使用

有一次，我跟某個人談話時，覺得他說的一、兩句話我聽不懂。而且同樣的話他說了好幾次，每次都令我覺得困惑。後來我才知道他某個詞的發音不正確。

說話時，發音要盡量正確。有些詞彙若不正確發音，可能會引起嚴重的誤會。

還有一點，話要說得好，必須具備豐富的詞彙。這不單單指懂得很多字、詞，還包括能正確及靈活運用詞彙，使說話的內容更豐富。就好比英文單字記得再多，如果交談的時候無法靈活運用，也沒什麼幫助。

想要擁有更豐富的詞彙，可以多讀讀好文章和好書，多注意詞彙豐富的人怎麼說話，磨練自己的語感。

29 掌握對方的興趣，引起共鳴

三分鐘強效溝通，不是只要在三分鐘內說完話就好，如果說完話後沒有給對方某種影響，或者沒有達到一定的效果，就失去說這些話的意義了。

話要怎麼說才能說得簡潔、令對方願意傾聽，並且收到效果呢？一個方法是，見什麼人說什麼話。

重視說話的人總想每一次都把話說得很好，但這要看對方是什麼樣的人。如果他對老生常談、平淡無奇的話也興致勃勃，那不妨投其所好。不過，短時間內要掌握對方到底關心什麼，不是件容易的事。社會上有各式各樣的人，我們如何在短時間內掌握對方的喜好，令對方願意豎耳傾聽？我教大家一個祕訣。

這個祕訣就是「呼籲法」。同樣一件事，用普通的方法說出來，對方可能認為那是事不關己，因此意興闌珊。但若用呼籲法說，對方會感覺那件事與自己關係密切。

例如，當我們要向別人宣傳反戰理念時，如果說：「萬一戰爭發生，很多人會死掉。」對方一聽，可能心裡想：「這誰都知道吧！」因此這種說法沒什麼說服力。

但是，如果你是老師，面對全班學生時這麼說：「我不希望你們之中有任何一人死於戰場！」學生一聽，會立刻感覺戰爭與自己息息相關。

這種「向對方呼籲」的說話方式喚起共鳴的效果非常好，能夠使聽者不自覺地置身在你說的情境中。

判斷文章或談話的優劣，同樣可以看它是否能夠適當喚起共鳴。所謂「喚起」，就是引起對方的注意、關心、自覺或良心等。但即使用同樣的字句，由於字句的組合不同或文體不一樣，喚起效果也會有所差異。

「呼籲法」不只是呼籲對方，還能將自己的想法、決心很有效地傳達給對方。因此這種說話方式具衝擊力，能使聽者產生感動與決心，甚至進一步付諸行動。

「呼籲法」的本質，是使聽者感覺這事與他有密切的關係，並要求他做出「是」或「否」的判斷，因此聽者不得不表示他的想法、確定自己的意思。

30 致辭前打腹稿，致辭時觀察氣氛

大多數的人都有機會在婚、喪、喜、慶，或宴會、紀念會之類公開場合說話。一般來說，在這樣的場合說話，你必須做到兩件事：

◎話要簡短。

◎要能夠炒熱現場的氣氛。

這要怎麼樣做到呢？

首先，應該事前打好腹稿。因為要在短時間內言之有物並不是容易的事。

「那麼，接下來請某某先生為我們說幾句話。」司儀通常會這麼說。但很多人往往說上老半天。這是因為事前沒有準備的關係。

如果幾個連續上台說話的人都這樣，現場的氣氛一定會「冷卻」不少。如果有人請你發表談話，在事前蒐集一些訊息作準備是基本的禮儀。例如，別人請你在喜宴上講話，你在事前就必須蒐集新郎、新娘的資料，想好要說什麼，把重點一條一條寫下來，細節可以等當天抵達現場再決定。

宴會的氣氛都是由參加者全體營造出來的。你必須看現場是什麼情形，再挑適合那場面的話來說，把氣氛炒熱。

不過，有時你事前準備的講稿可能並不適合現場的氣氛。例如你事前打聽到新郎、新娘擅長運動，準備拿這個話題好好發揮一番。但到了現場才發現，賓客都是新人的父母挑選的，這些人看起來似乎不熱中「運動」。這時，你的致辭若圍著「運動」打轉，很可能得不到現場的共鳴。

這時致辭要避免出差錯，有一個好方法，就是：拿前面已經致辭的人所講的某一句話加以發揮。在營造庭院的景觀時，有時會借用遠方的山或鄰居的樹，作為自己庭院的背景，這叫「借景」。我們借用別人的話，不妨稱為「借話」。

「剛才，有一位先生說：『○○○……』這真是意義深長的一句話，我也非常贊同……」

這麼說，既不會破壞現場的氣氛，又能說自己的話。

但要留意，前面的人致辭的內容，不一定符合會場的氣氛。你得一邊觀察會場、一邊看哪一個人的致辭最符合現場的氣氛，然後引用他的其中一句話。

就這點而言，最不會出差錯的是「司儀說的話」。司儀最了解這場聚會的目的、主角的背景、來賓的性質等。因此，引用司儀講的某句話通常很保險。

此外，最後一句話是整篇致辭最重要的部分。

最後一句話若說得好、說得韻味無窮，會令賓客感動。那麼，這就是一次很成功的致辭。因此在構思整篇講稿時，你不妨先想好最後一句話，然後再構思講稿要如何展開，最後設法帶到那句效果奇佳的話。

31 培養服務精神，讓對方帶「禮物」回去

我和別人來往，總提醒自己要「殘心」。

日本話「殘心」的意思，一般而言，是指戀戀不捨、留戀。還有一個意思則和武道相關：若是劍道，劍士一劍砍向對方之後，必須有防備對方反擊的心理準備；若是弓道，箭射中標的後，眼睛仍需盯著標的。這叫「殘心」。

換言之，我們和別人以某種方式接觸，分手之後，如果什麼都忘得一乾二淨，或者被對方忘得一乾二淨，就無法形成人脈。倘若我們想和別人建立良好的關係，並一直維持這種良好的關係，就必須重視「殘心」。

這個觀念也可以用在說話上。有時我們與別人談了十五、二十分鐘的話後，心中會覺得：「啊！和這個人談話真好！」之所以有這種感覺，一定是有什麼令我們印象

深刻，在談完話後仍留在我們心中。因此若想經營良好的關係，和別人說話時，也要設法將某樣東西留在對方心裡。

那麼，要怎麼做呢？

和別人聚餐後，如果把預先準備好的禮物送給對方，一定會得到意想不到的效果。現在這個時代，吃吃喝喝是稀鬆平常的事，沒什麼特別，因此光是吃東西不會有什麼特別的感動。

但是若在飯後送給對方禮物，即使那禮物不怎麼起眼，你留給對方的印象仍有如天壤之別。這可稱為「禮物效果」。說話的時候，同樣要把「禮物效果」擺在心上。

不過，說話時的「禮物」是什麼呢？是告訴對方他原本就想知道，卻一直無從知道的事情？還是告訴對方他會覺得有用的知識、資訊、祕訣和想法等？

不管是什麼，有一點要特別注意，那就是：我們給別人禮物時，心態上要謙虛，絕對不能傲慢。要是你擺出一副施捨的態度，說：「來，我來教你別的地方聽不到的知識！」這樣反而會有負面效果。

倘若對方和你談完話後，覺得「真是獲益良多！」那麼他會對你產生以下心情和反應：

◎對你有好印象。

◎希望還有機會和你見面、談話。

◎下次也會很用心地聽你說話。

如果你連續很多次在談話中「送給對方禮物」，往後對方就會用心聽你說話，並且在關鍵時刻很快接受你的建議。

反之，說話時如果沒有「送禮物」的想法，很有可能犯下嚴重的錯誤，比方說在最後不經意說了一句不該說的話。原本前面都說得很好，最後卻少根筋似的，說了一句不得體的話，這麼一來前面的努力都化為烏有了。一個人若心中存著「送禮物」的想法，便不會犯這樣的錯誤。

要在談話中送禮物給對方，必須具備豐富的知識與資訊，並且能觀察出對方想知道什麼。最重要的是，你要有一顆服務對方、取悅對方的心。

你想變得會說話嗎？先培養自己的服務精神吧！

32 避免打斷對方說話，藉傾聽建立信任

有些人和別人說話時，還沒全部聽完，就打斷對方的談話，說：「我懂了，我懂了！」這種人多半能力很強。他們因為頭腦好，理解力強，對方還沒說完就知道他想要說的全部意思，因而覺得沒有必要繼續聽下去。對他們而言，聽太長的話浪費時間，既然已經理解，不妨請對方就說到那兒。

表面上看來，這樣的想法似乎有些道理。但這只是單方面的想法，他們沒有想到，別人話說到一半被打斷時，心裡會是什麼感受。

經常打斷別人說話的人大多欠缺同理心，會招致厭惡甚至怨恨，久而久之人緣會變得很差。這樣的個性會使他們的人生損失不少東西，如果身為管理階級，這還可能

商周出版職場好書 口碑熱賣中！

高達97%以上的人沒能正確解讀主管對自己的要求！

下屬必知的主管內心OS大解密！

主管不說，但你一定要懂的50件事

作者◎濱田秀彥 定價260元

- 持續盤據日本各商業書暢銷榜至今！
- 日本各大商業書評網站盛讚實用！
- 日本亞馬遜網站5顆星推薦！

如果現在的工作內容，只能讓主管看到你有多賣命，請留意，你在這場生存遊戲中正處於非常危險的狀況！
集結2,000家公司、超過5,000名主管心聲！指導學員超過17,000人的日本人才育成專家，教你正確掌握主管的期待！

yes123求職網 執行副總經理 洪雪珍 好評推薦！

商周出版 cite城邦

掌握邏輯3關鍵，切重問題要點，迅速提升問題解決力！

圖解3分鐘搞懂邏輯思考法（熱賣中）

作者◎大石哲之 定價260元

本書將介紹隨機存取式思考、終極的六種圖解手法，要把圖解技巧通通告訴你。並以3分鐘完成，3秒讓對方一目瞭然的簡報術為目標。

別讓人際打敗你的能力！

圖解 35則職場人際增進術

作者◎繁田千惠 定價250元

職場上，「做人」跟「做事」一樣重要！
七大人際禁忌、六種性格模式，教你因人而異的互動訣竅，職場人氣直線上升的必修心理學！

日本職場大師教你從C咖變A咖的無敵必殺技

蝴蝶結法則

61個教你包裝職場態度、自我能力、工作品質及外在印象的應對心理術

作者◎內藤誼人 定價260元

懂得包裝，才能做好工作！動作、神情、態度、外表是影響旁人對你印象的關鍵，藉由包裝，更可突顯自我實力、強化形象。

道高一尺，魔高一丈的談話術！

套話高手（暢銷改版）

作者◎內藤誼人 定價240元

掌握對方心思的人可以在心理上佔上風並主導談話，本書教你如何「不說出真心話而套出對方話」。讀者可依自己所需，充分利用書中的心理技巧。

日本銷售突破650,000冊！

不生氣的技術

作者◎嶋津良智　定價260元

年度最具影響力的個人成長暢銷書！
生氣與否只在一念之間！改變固守的價值觀，用新角度看待人事物，你將不再輕易被情緒左右，取回人生控制權！

50項成功管理者的核心態度與技巧

上司的條件（暢銷改版）

作者◎齊藤隆浩　定價270元

「管理職」就是管理「人」的職務，要具備指導、帶領屬下的能力。本書介紹讓下屬仰慕、敬畏、信賴你的50項技巧，讓你成為兼具實力及領袖魅力的上司。

輔導超過萬人的專家教你一個月內養成好習慣的祕訣！

改變人生的持續術

作者◎古川武士　定價260元

擺脫「三分鐘熱度」的持續訣竅大揭露！
本書將教你磨練「持續」的習慣，幫助你在培養習慣時，都能夠持續得像每天刷牙般理所當然。

高居日本商業類暢銷書榜經典力作！

會議革命（暢銷改版）

作者◎齋藤孝　定價260元

一場會議下來，總是議而不決、決而不行嗎？
為了改變現狀，你需要「時間減半・效率提昇・成果倍增」的會議革命！

日本企業營運長最重視的商務技巧！

上班族強化工作效率、提升職場關係的必備祕技！

比說話更清楚！
繪文字的技術 10倍速提升會議、企劃、筆記、資料統整及傳達能力

作者◎永田豊志　定價260元

不需冗長的文字敘述也能做好筆記、各種報告與提案，email往返不再冷冰冰，充滿人情味！只要善用記號、線段、流程圖、常用英文縮寫、圖誌及圖片，即可輕鬆把資訊化繁為簡，讓溝通、傳達既有趣又有效率！

超人氣職場部落客 馬克、世新大學圖文傳播暨數位出版學系系主任 郝宗瑜、暢銷圖文作家 眼球先生 實用推薦（依推薦者姓名筆劃為序）

是致命的弱點。

的確，有些人說話缺乏邏輯，廢話太多，聽起來很累。但不能因為這樣，就貿然打斷別人的話。正確的作法是，你可以適時插些話，設法使對方的速度加快，或簡短的概述對方想表達的意思。

我們偶爾會聽到一些管理階級的人感嘆說：「現在的年輕人不太聽上司的話。」那些主管大概常常打斷別人的話。換言之，他們並沒有豎耳傾聽部屬的話。為什麼沒有傾聽部屬的話不好呢？因為這樣就無法和部屬建立信賴關係，也會影響部屬的士氣。他們心裡會想：「我不願為這種上司拚命工作。」

說話固然重要，聽別人說話更重要。你若認真聽別人說話，別人會加倍認真聽你說話。不過在職場，切記要把握「三分鐘之內說完話」這個原則，比較容易獲得上司的肯定。

我是律師，因此常常聽人說話。對方說話時，我會盡可能耐心傾聽，讓對方暢所欲言。要是不這麼做，可能會產生誤解。

有些客戶說話比較沒條理，或東拉西扯、過於冗長。這時我會告訴他們：「請你把整件事的經過寫下來，然後作一份對照表，列出你的主張和對方的主張，再一一寫下對你及對方不利的事實。」

不管用什麼樣的形式，只要你讓他盡情地把心中的話說完，之後他就會認真聽你說話。這麼一來，往後事情處理起來就比較容易。因此面對第一次見面的顧客，或是發生新問題而來找我的人，我都會提醒自己不要打斷對方講話。

還有一種時候最好別打斷對方談話，要耐著性子傾聽。那就是對方在談個人的事情時。當部屬對上司談個人的事情，一定很希望上司能認真傾聽，這時身為上司的人應該安靜地聽完對方的話。有時候，你只要安靜聽，對方就心滿意足了，而且以後也會認真地聽你說話。

所以，若你覺得部屬不太聽你的話，要反躬自省，想想自己平常是否往往只顧自己說話，而不願耐心傾聽部屬的心聲。

心理治療師在作輔導時，很重視「傾聽」。因為他們非常清楚，光是「傾聽」就可以建立很強的信賴關係，並給對方很大的勇氣。

33 舉出三個重點，幫助聽者專注、記憶

剛開始說話時，可以開門見山舉出三個重點。例如：

「理由有以下三點。」

這是促使談話快速進行的好方法。

即使重點有五個、六個，最好也整合為三個，因為三個比較容易記憶。反之，如果重點很少，也要設定成三個，因為比起一個或二個，三個較容易記憶，也比較有說服力。

接著，要段落清楚地逐一說明各個重點：「首先，第一個重點是……」這種方式一方面聽者容易理解，說話的人也比較能控制敘述節奏及內容，說得更流暢。

說完三個重點之後，如果還有時間，可以追加幾點。

倘若以標題作比喻，最初的三個重點算是「大標題」，後來追加的則是「小標題」。以這種方式述說，論旨明確且內容精實。

但是要注意，只有在聽者是個頭腦清晰的人時，才可以追加重點。如果對方反應比較駑鈍，只說三個重點比較不會出差錯。

有些人或許對「三個重點」存有疑問，認為要剛好舉出三個有困難：「我的問題只有一個呀！」或者：「我要說的重點至少有七個！」事實上，採行「三個重點」的作法時，不必太拘泥於數目字「三」，因為這個方法真正目的不在這兒。而是：對方聽到接下來有三個重點時，會集中精神傾聽第一個重點是什麼，第二個重點是什麼。原先他可能比較散漫，聽你那麼說會突然專注起來。這才是事先告訴對方「有幾個重點」的主要用意。

如果不這麼說，對方對你即將說明的事完全摸不著邊，很可能不會那麼專心傾聽。因此我們甚至可以先說「有三個重點」，然後邊說邊思考具體的內容。事實上，演講者常常採用這種方式。

按照三個重點來說，話就會有架構，聽者會給你不錯的評價，認為你的說明很清楚，或者覺得你說話技巧很棒。如果你心想：「我只想說一點呀！」然後集中闡述某見識，聽者可能會覺得：「這個人的眼界會不會太窄了？」或是：「問題真的只有一點嗎？」

不過，用這種方法說話時要注意，三個重點必須互有關聯。

如果三者風馬牛不相及，那麼就失去列舉的意義了。例如，當我們舉出相撲人氣不如從前的三個原因時，倘若重點是相撲界內部的問題，那麼相撲界外的事情就不宜列入。倘若我們從較大的視野來探討，那內部問題應該統合放在一個項目中。

34 誇獎他、仰賴他、期待他

有時候，你很認真地說話，對方卻很冷漠，一副事不關己的樣子。例如，公司的營業額衰退，經營階層要求大家更賣力些，你身為主管，必須把這訊息傳達下去，可是部屬卻沒什麼反應。

你威脅他：「公司的業績再這樣壞下去，年底可能發不出年終獎金！」他只冷冷的回答：「那也沒辦法。」彷彿事不關己，好像他不是公司的一份子。這時候你該怎麼辦呢？要提高部屬的向心力，使他意識到自己是這個組織的一份子，可以做下列三件事：

◎誇獎他。

◎仰賴他。

◎期待他。

一般人只要被誇獎，就會提起勁來。大家都喜歡聽好聽的話，喜歡被恭維。人一旦被誇獎，心情就會很愉悅，對誇獎他的人產生好印象，進而想幫助那個人。

日本二次大戰時的名將山本五十六有句名言：「做給他看，說給他聽，看他做，然後誇獎他。不這麼做，就管不動部屬。」這句話的重點在於「誇獎」。不信你把「然後誇獎他」這幾個字拿掉試試看，名言馬上變得平庸無奇。

誇獎時必須注意，自己人誇獎自己人效果較小，關係越遠的人，誇獎的效果越大。丈夫誇獎妻子：「你今天很漂亮。」妻子可能沒什麼特別的感覺，但若一個不太熟悉的人說：「像○太太這麼漂亮的女性……」這位妻子聽了鐵定心花怒放。

因此，上司要誇獎部屬時，如果能夠藉由其他人傳達，尤其是外部的人，效果更好。例如部屬如果從別人口中得知：「某某部門的經理稱讚你，說你做事負責又認真。」那位受到誇獎的部屬有了這個激勵後，會更加賣力表現。

有人問孔子：「要怎麼誇獎別人才有效果？」

孔子回答說：「背後誇獎是好方法。」

孔子很少當面誇獎弟子：「你進步很多！」而是透過其他人對當事者說：「孔夫子說：『你進步很多！』」當事者聽到這樣的話，會格外感動、高興。

除了誇獎，人們感覺自己被別人依靠、仰賴時，也容易「軟化」，對自己的重要性更有信心，因而更加振奮、更有幹勁。

心理學家馬斯洛（A. Maslow）將人類的需求分成五個層次，從下而上，分別是生理的需求、安全的需求、歸屬感的需求、受尊重的需求和自我實現的需求。

「感覺被人依靠而得到的滿足感」屬於這五種需求中的第四級「受尊重的需求」，層次相當高。能夠滿足這種需求的事情，也可以使人成長。上司如果希望部屬成長，一定要令部屬感覺你仰賴他。

此外，「期待」也有很大的效果。因為人一旦受到期待，就會加倍努力，以不辜負別人的期待。這可由一個心理學的實驗得到印證。實驗是這樣的：一位新來的老師對隨意選出的幾位同學表示期待他們「成績會進步」。結果，老師的「期待」果然發揮效果，後來那些學生的成績都進步了。

誇獎、仰賴、期待，這三件事都只要你動動口就能做到。與其大嘆「部屬都不聽我的話」，倒不如好好做這三件事，促使他往你指示的方向走。

35 尊重多元價值，留下辯駁的餘地

喜歡辯論的人常覺得在言詞上壓倒對方很有快感。然而，把對方批得體無完膚，可不是聰明之舉。給對方留一點辯駁的空間，比較能建立良好的人際關係。

有人這麼想：如果把對方說得連一點反駁的餘地都沒有，日後事情的運作會比較順暢。這是一種強權主義，美國就經常採取這種方式。結果呢？事情往往變得更麻煩，延誤了解決問題的時機。

例如，有些美國人對越戰發出反省的聲音：

「兩邊應該可以不必發生戰爭，當時還有坐下來對話的空間。」

所謂給對方留下辯駁的空間，就是保留對話的機會。如果百分之百壓倒對方，沒錯，你或許當下覺得很開心，長期而言卻未必受益。世上本有各式各樣的價值觀，從

「沒有絕對的真理」這個觀點來看，「百分之百壓倒」對方是十分危險的。

無論你認為自己的意見多麼正確，那充其量只是相對的正確。環境若改變，條件若改變，時代若改變，正確的意見可能就不再正確了。你必須記住這件事。

真正會說話的人心裡深知：「正確的意見不只一個。」因此說話時會意識著這一點。沒有認知到這一點的人，是無法成為說話高手的。

世上沒有絕對的真理，卻有很多人認為自己的意見絕對正確。因為如此，世上的紛爭與對立才會層出不窮。想要避免這種情形，記住：不管在什麼場合，和別人交談時都應該為對方保留餘地，聽聽對方的想法。

日本自古以來就有「讓人一步」的美德，認為徹底擊潰對方並非良策。連每天生活在戰爭中的戰國名將武田信玄都認為，不應該追求徹底的勝利，因為這樣必定會使自己也受重傷，這與失敗無異。

資本主義社會是個競爭的社會，你當然要有攻擊的姿態和求勝心，但也不要忘記「過猶不及」這句話。「既然我是正確的，就不能讓步，就要堅持到底。」這種想法在邏輯上固然沒錯，但你必須知道一件事：沒有任何人會宣布「我的想法錯了！」然後才去做事。

36 事前下工夫，從對方的興趣切入

以下故事是在美國發生的，和第一章開頭所舉的例子很像：

某商人想賣商品給一位大富翁，請求和大富翁見面，但一直沒有得到回應。於是商人一邊蒐集對方的資料、一邊等待良機。

一天，大富翁終於答應見商人，但醜話說在前頭：「只見五分鐘。」在五分鐘之內要把商品賣掉，實在太強人所難了。但大富翁對時間斤斤計較，要他延長碰面的時間顯然沒什麼指望。

見面的日子到了，商人在約定的時間抵達大富翁的豪宅。

管家把商人帶到豪宅裡的一間房間，房間富麗堂皇，有各式各樣名貴的家具，喜好家具的商人見到這光景，非常羨慕。

不久，大富翁出現了。商人整個人都被名貴的家具吸引住，雖然約定的時間只有五分鐘，他見了大富翁後卻不談商品的事，反而一直稱讚富翁的家具和獨特品味。結果如何呢？大富翁和商人談家具談了兩個小時，而且商人成功把商品賣給對方。

如果能提供對方感興趣的話題，就可輕輕鬆鬆達成目的。商人真正花在推銷商品的時間恐怕沒五分鐘，甚至三分鐘都不到吧！

如果商人不先談家具，而一心一意想著推銷商品，雙方見面的時間恐怕真的就五分鐘了——而且很可能不會成功將商品推銷出去，畢竟大富翁原本就沒那麼想買。

大富翁是因為和商人聊家具聊得很開心，覺得和對方十分投契，因而產生好感，才跟他買東西的。一個人對另一個人產生好感之後，多半不吝幫對方一些小忙。尤其被對方稱讚，心情愉悅，加上雙方互動良好，這時心裡會產生「回報」對方的想法。

因此，想說服別人的時候，從對方喜歡的話題切入，常有意想不到的效果。

時間不夠時，一般人難免心想：「時間寶貴，還是別談無關正題的事……」但是當你評估將短短的時間全用來推銷商品，仍極難達成目的，這時不妨換個角度看事情，暫時放棄推銷商品，改為先「推銷自己」。這樣更有勝算。

換言之，若你能令對方覺得「認識這個人真不錯！」、「和他聊天真開心！」，你就為自己創造了很大的機會。

話說回來，商人之所以能和大富翁聊得那麼投機，是因為大富翁喜愛名貴家具，而商人對家具也很內行，兩人有交集。這樣的交集是出於偶然嗎？其實商人在拜訪大富翁前，就已經對大富翁的性格、嗜好等，下了一番工夫研究。因此，商人會成功絕不是偶然，也不是只憑花言巧語，而是在事前做了充份的準備。

一般人比較傾向為「做不到」找藉口。「只有五分鐘，能做什麼？」、「能和對方見面已經很不容易了！」這種畫地自限的態度，可說一開始就放棄要說服對方了。

別去想：「時間實在太短了！」而要思考：「我怎麼樣好好利用有限的這點時間？」這麼一來，自然會想出因應的策略。重要的是，在限定的條件下，要抱持積極的心態：「我挑戰看看！」而不是為自己找藉口說：「是因為……，我才辦不到！」

37 坦率發問能夠打開對方的心

前面我曾提到，明明聽不懂卻裝懂有什麼壞處。遇到聽不懂的事情時，即使你問了會很難為情，還是盡量鼓起勇氣當場問清楚比較好。如果對方對你有好感，雙方的關係甚至會因而變得更親近，說不定對方之後也因此敢問你同樣幼稚的問題呢。

也就是說，跟他人互動的過程中，對方是否對你懷有好感，是個決定性因素。一般而言，人與人來往時，第一印象與往後的好感度有下列四種模式：

一、第一印象很好，來往之後，卻越來越沒有好感。

二、第一印象很差，往後也一直沒有好感。

三、第一印象很好，往後也一直很有好感。

四、第一印象很差，來往之後，卻越來越有好感。

上述四種模式中，好感度大幅提升的是第四種，換言之，剛見面時對對方的評價很低，但在一陣交談之後，評價越來越好，甚至非常有好感。前面提到的大富翁與商人之間的關係，是第三種：「第一印象很好，往後也一直很有好感」。

第二種模式「第一印象很差，往後也一直沒有好感」固然糟糕，但最糟的莫過於第一種模式「第一印象很好，來往之後，卻越來越沒有好感」——在四種模式中，第一種的好感度下修幅度最大。

諷刺的是，人與人之間的關係，最常出現的正是最糟糕的第一種模式。我們只要看世上男女之間的戀愛關係，就很容易理解。剛開始交往時，彼此都來電，覺得眾裡尋他千百度，終於找到這麼好的對象，不料隨著雙方的關係越來越親密，討厭的部分也越來越多。

若要建立良好的人際關係，就得提醒自己：剛開始印象很好的人，之後會變得討厭的機率很高。相反地，最初印象不太好的人，繼續來往後越來越有好感，這樣的友誼肯定可以維持很久。而要使別人對你越來越有好感，關鍵除了你待人的態度，當然還在於你說話的方式。

〔第四章〕

給人好感的說話方式

意識到更大的人際關係網絡，能使你更懂得把握分寸。
而設想對方的心態，
從而調整出相應的立場，互動才不會僵化。
還有，別忘了好好組織你要說的事，用關鍵字時時點出重點，
最後再度溫和地提醒對方。

38 記住，人際關係是「三角關係」

有一份問卷調查的題目是：「你喜歡哪種說話方式的人？」比較多人選的是下列三種：

◎邊考量對方的情況，邊說話的人。

◎邊考量對方的心情，邊說話的人。

◎只說必要話的人。

再怎麼會說話的人，如果不考量當時的狀況，想說什麼就說什麼，恐怕會把氣氛弄得很僵。同樣一句話，可能會因對象、地點、情況不同，而引發截然不同的反應，因此要培養在瞬間判斷這三個要素的能力。

一流的相聲大師，在最初三分鐘就能察覺聽眾對什麼話題反應較佳，以及說話速度應該放慢還是加快；盡責的演講者也會一邊觀察聽眾的反應，一邊修正說話的方式或內容。因為若不這樣做，演講內容可能會和現場氣氛格格不入。

平常說話時，我們也應該一邊觀察對方的反應，一邊修正說話內容。那麼，要如何培養這種臨機應變的能力，以及感受對方情緒的能力呢？這多半得靠經驗與習慣，但大家可以把握一個要點。

比方說：你（A）和上司（B）說話時，不會只談A與B，一定會牽扯到其他人事物（X）。因此說話時，最好能意識到不在現場的某人X，或者現場看不到或無從得知的某狀況X……等。說話時，要經常意識到自己處於三角關係中。

話說到一半，發覺對方的反應和你預期的差很多，就得謹慎到底什麼地方出了問題。人際關係好的人、會說話的人，都具備這種敏銳的觀察力，且善於推理。

和別人說話時，腦子裡不能只有對方，還要意識到對方背後的人、境遇和狀況。若能做到這一點，那麼別人往往會對你有很高的評價，覺得你是個值得放心往來的人。別忘記，人際關係經常是「三角關係」。

39 做你自己，別太想要討好對方

有時太想做什麼，反而會得到反效果。心中想著：「別緊張！絕對不能緊張！」結果卻更緊張。或者下定決心：「我一定要給對方好印象！」結果犯了平常不會犯的錯誤，反而給對方惡劣印象。「太在乎」常常導致表現不如預期。

說話也是一樣。因為太想給對方好印象，不敢率直說出自己的想法，還隨著對方的反應，努力迎合他。這麼一來，你就表現得不像自己了。

話要說得有大將之風，首先不能沒有主見。能夠說出真正內心話的人，才可能受人尊重。如果你總是意圖討好別人、巴結別人，會無法充分發揮能力。

能夠和別人建立良好關係的人，人生多半較順遂。但世上的人各式各樣，如果想迎合每次遇見的人，就算有三頭六臂也應付不來。要和別人維持良好關係，其中一個祕訣是：做你自己。做你自己，有時能夠被人接受，有時則否。但是，就算有時不被接受，也別太放在心上——世上沒有誰能夠迎合所有人的。

在棒球界，打擊率能夠達到三成，就是一流的打者。也就是說，出場打擊十次能夠擊出三支左右的安打，其他七次失敗也無所謂。有誰能夠每次上場打擊都擊出安打呢？但太在乎的人卻很難改掉這毛病。這樣的人，和別人說話時該怎麼辦呢？方法其實很簡單，只要提醒自己：「我下定決心，以後再也不刻意討人歡心！」

若能下這樣的決心，結果一定比你想像的要好得多。就像投手面臨二好球三壞球滿壘的危機，心想：「豁出去了，打得到就打吧！」然後朝著好球帶投出最有把握的一球，結果讓對方打出內野滾地球，輕鬆將他封殺出局。

日本知名指揮家小澤征爾有一則有趣的軼聞：

小澤征爾還年輕、沒沒無聞時，前往歐洲學習音樂。有一次，他在法國一個小鎮參加指揮者的比賽。前面幾場預賽他都順利過關斬將，但最後一場冠軍爭奪賽，他正聚精會神指揮時，突然發生了問題。交響樂團的一位團員演奏錯了一個音，小澤征爾糾正他好幾次，他仍舊在同樣的地方出錯。終於，某次對方再度犯錯時，小澤征爾忍無可忍，停下指揮，說：「很抱歉，先生，請你把樂譜看仔細一點！」

那位團員回答說：「我看得很仔細呀！」

「胡說，你老是在同樣的地方犯錯。」「不，我是按照樂譜演奏的。」

對方似乎相當頑固。小澤征爾沒辦法，只好走過去，看了看他的樂譜，結果發現他真的是按照樂譜演奏。

這下子可糟了，顯然是小澤征爾自己錯了！要不要當場認錯呢？小澤征爾的反應令在場的人大感意外——他斬釘截鐵、高聲地說：「樂譜錯了！」

這句話一說出口，突然，所有團員都拍起手來。原來最後的這場考試是在考「指揮者能否指出哪裡出了錯，並相信自己的判斷」。

就這樣，小澤征爾順利通過試煉，拿到冠軍，踏出邁向大指揮家的第一步。

小澤征爾勝利的原因是什麼？

那就是：在緊要關頭，相信自己。

40 分享祕密可以縮短彼此間的距離

廣義而言，人們可說是為了說服而說話。而要說服聽者，就得設法縮短雙方的距離。為什麼呢？

一般人會在潛意識把別人區分成「敵」、「友」。如果你覺得「敵」、「友」這種區分不太妥當，那麼用「那邊」、「這邊」來區分也可以。

當然，人與人的關係很難這樣斷然劃分，也會隨著狀況改變。例如，兩個企業平常在業界是競爭對手、是「敵人」，但若站在業界的立場要對外爭取什麼時，則又變成「朋友」。

人們就是在這種情況下，和別人進行種種對話。麻煩的是，就算對方是「友」，雙方心理上仍難免有些距離，彷彿存在著一條溝，雖不寬，卻總是跨不過去。這很難說是哪一方的問題，但要是希望彼此談話能更具默契、更有效率，事情能更順暢，就得縮短雙方的距離。那麼，要怎麼做呢？

答案是「分享祕密」。

如果彼此能分享一些祕密，雙方的距離會一下子拉近很多。不一定非得什麼驚人的祕密，例如：當你知道對方從小就失去父親，你可以告訴他：「其實我父親也很早就去世了。」這麼一說，你和他之間的心理距離會瞬間縮短不少。

一旦拉近距離，溝通起來就容易了，原因之一是：分享祕密會提升雙方的親密度，使彼此更願意傾聽對方的話。

如果你想要使對方說出他的祕密，你自己得先告訴對方你的一些祕密才行。再者，由於兩人擁有共同的聯繫，往往對方簡單說一、兩句話就知道意思了。由此可知，「分享祕密」在促進兩人的關係上扮演了很重要的角色。

41 借用對方說的話，或用彼此都習慣的詞彙

和別人說話時，有時會發現對方前後說了幾次同樣的話。如果你覺得在那場合可以引述那句話，不妨借來一用，一來能獲得對方好感，再者也較容易說服對方。

表達同樣的事情時，不同的人會用不同的詞彙。政府官員和一般人就明顯不同，他們喜歡用硬梆梆的詞彙。例如一般人通常會說「污染環境」，有些政府官員偏偏要說「對環境造成負荷」，聽起來很彆扭。因此，如果不會產生誤解，大家應該使用共同的、已經習慣的詞彙，這樣溝通比較有效率。

也就是說，如果想令對方覺得和你談話很愉快，並且願意採納你的意見，可借用對方頻繁使用的詞彙。不必完全抄襲，且可以用在不同地方，或以不同角度詮釋。

對方聽到你用他說的話，通常心中會想：「他用我講過的話，可見很認真聽我

說，而且理解我想要表達什麼。」心情自然愉快，也就會投桃報李，認真聽你說話。

相反的，如果對方頻繁使用某個詞彙，你卻完全不用，對方可能會想：「這個人真頑固！」、「這個人真是自我！」、「這傢伙一點也不肯讓步、妥協！」如果你的最終目的是要說服對方，那麼交談的過程就要適度讓步。

我們如果對某人產生共鳴，潛意識中也會接受對方的言行。有些人覺得剛看完黑社會電影的人看起來都橫眉豎目，一副兇狠模樣，這不是誇張的說法。

借用對方的詞彙還有一個效用，就是可以更深入理解對方的話。如果能更深入理解對方，自然會想到該怎麼說服對方。因此「借用對方說的話」有一石二鳥的效果：一是令對方心情愉悅、更願意採納你的想法，一是能夠更了解對方的心情。

但是，如果對方用的話有部分你無法認同，該怎麼辦？

這時你可以不管那部分，什麼都別說。若不這麼做，可能弄巧成拙，使對方認為你全盤否定他。如果你覺得有一部分非否定不可，就等到談別的話題時再說吧。

態度的形成有三個要素：理智性理解、感情性理解，以及行動。借用對方說的話，主要目的是針對感情性理解，因此最好不要把別的要素帶進來。

42 準備幾句名言，讓發言更有份量

說服別人的其中一個技巧是「引用法」，也就是引用名人的話。引用得好，會比你自己說的話更具說服力。演講時常有人運用這個方法。

比方說，你在婚宴上致辭，看新郎、新娘張著又大又亮的眼睛，靈機一動，便說：「英國有一位叫托馬斯．富勒的人說過：『結婚之前，要張大眼睛，看個仔細；結婚之後，要睜一隻眼閉一隻眼。』」幽默的致辭相信能使宴會更加愉快歡樂。

引用法的效果是會使自己的發言有份量，並賦予價值，比起囉哩囉嗦繞大彎解釋更容易理解。這是短時間內讓人了解你意思的好方法。

但使用引用法時，應該注意幾件事。

首先，引用必須適當。你要思量一下自己和對方的立場，選擇適當的名言，否則會給人「用錯場合」的印象。

例如，蘇格拉底有幾句跟結婚有關的名言：

你若擁有賢慧的妻子，會過著幸福快樂的生活；你若擁有兇惡的妻子，就會變成哲學家。

若有人問我：結婚好，還是不結婚好。我會回答：無論你選擇哪一邊都會後悔。

蘇格拉底的這兩句名言固然精采，但致辭時可不能隨便用。此外，年輕人若引用稍微老氣橫秋的名言，也會令人感覺「不太對」。

如果希望自己能出口成章，平常就得蒐集欣賞的名言，把它抄在記事本上。最好是引用大家都認識的名人名言，像歌德、莎士比亞等。如果是不太出名的人物，不妨略加說明，比如「俄羅斯的作家」、「十九世紀的英國政治家」等。

還有一點要注意，引用得太頻繁，可能會令人厭膩，也容易模糊焦點，甚至使人感覺你沒有自己的主見，要把握好分寸才行。

43 「非語言表現」有助精確表達意思

我們每天都在說話，因此很少人特別意識到「說話的方法」。但表達能力是巧是拙，可能會導致截然不同的結果，因此有必要花一些工夫研究「說話的方法」，並有意識地自我訓練。

「說話」其實不只是嘴巴說而已，還伴隨其他非語言的行為，包括：表情、眼神、身體的動作、手勢等等。

外國人常常說：「很難了解日本人在想些什麼。」為什麼？正是因為日本人說話時較缺乏「非語言表現」。

外國對非語言表現研究得很深入。專家會建議人們：說話時應該和對方保持多遠的距離比較恰當、身體要以什麼角度朝著對方較好……等等。

為什麼要作這樣的研究呢？

因為要貼切傳達想法或感受時，除了言語，非語言表現也很關鍵，有時候語言的影響力其實比我們想像的小得多。

根據研究，最能傳達一個人心情的是「表情」（佔五五％），其次是「聲調」（三八％），語言只能傳達七％。

有些人常感嘆：「不管怎麼說，他還是不了解。」由此可見，光靠說話來說服別人是一件很困難的事。既然「非語言」領域所能傳達的訊息這麼多，不好好利用豈不可惜？

如果知道非語言表現含有什麼意思、能夠發揮什麼效果，就可以提高說服力。非語言的溝通手段大致分成下列幾種：

◎表情：有「刻意作的表情」或「不自覺的表情」兩種。

◎視線：眼神與眼神的交會。各種眼神都會顯露不同的意思。

◎與人的距離：表現出潛意識中與對方的心理距離。

◎姿勢：以身體的方向及其他姿勢表現感情與意思。

◎動作：分為「有意識的動作」與「無意識的動作」。

◎準語言：不是語言的語言，比如停頓。

◎服裝：包括攜帶的物品、化妝品、飾品等。

除了語言，人與人溝通時，還有這麼多要素擔任要角，如果能理解這一點，說服別人時便可以有效運用。

關於眼神的交會，有一個有趣的研究。兩人若不是情人，一方卻凝視另一方的眼睛長達五秒以上，那麼這兩人的關係會變差。眼睛和嘴一樣，也是會說話的。

44 適時「停頓」以營造互動

說話時，可以適時「停頓」以吸引聽者注意。話與話之間的「停頓」如同文章的逗號、句號。文章若沒有逗號、句號，就很難閱讀。同理，話與話之間若沒有「停頓」，別人很難聽得懂。

停頓停得好，聽者會被你的話給吸引，但停頓的方式有很多種。以文章作譬喻，逗號相當於停頓一秒，句號相當於停頓二秒。還有，交談人數也有關係，人數多的時候，要停頓稍微久一點。

有一個例子可以證明停頓的效果：

結婚喜宴正進行，許多人都致辭完畢，最後新娘的父親要上台了。

「今日承蒙各位來賓抽空出席……」

話才說到這兒，他就因為百感交集而說不出話來，停頓了五秒、十秒、甚至十五秒。整個喜宴會場像突然停電似的，鴉雀無聲。這時，宴會場的一角傳來小小的鼓掌聲，接著，鼓掌的人越來越多、聲音越來越大，最後所有人都熱烈拍手，喜宴的氣氛完美地在最後時刻達到頂點。

與「停頓」相反的是「喋喋不休」。「喋喋不休」會對聽者造成壓迫感，使他覺得不愉快，這麼一來，你再怎麼口沫橫飛也很難說服對方。切記，想要說服別人，就得在適當時候「停頓」。

所謂「停頓」，並不是「沒有話」，而是存在著「沉默的話」。你說話時，聽者往往沒有足夠時間下判斷或下決心。說話時稍微停頓，一來是要給對方時間思考，二來是要讓對方有機會表達想法。對方如果有時間思考，表達意見時就可以在很短的時間內說清楚。所以，「停頓」也可以提高談話的效率。

45 站在對方的立場給建議，更能打動人

其實，除了內心滿是怨恨或個性特別叛逆不馴的人，一般人大多能欣然接受合情合理的新事實。例如：

你去西服店買西裝。店裡有兩種灰色系的西裝，你不知挑哪一種好。如果這時店員說：「這兩種都很適合您。」你可能會覺得他只是在應付你。

但要是店員具體地說：「那件西裝顏色較暗，你穿起來感覺比較沒精神；另外這件你穿起來不但比較開朗，而且很協調、很自然。」你感覺如何？

若他再跟你詳細說明布料、顏色差異，你會有什麼反應？大概會心滿意足地買下他推薦的那件吧！這比店員什麼都不說、讓你自己挑選，更有滿足感。

人們面臨幾個選擇但拿不定主意時，你若能一一比較它們的優缺點，最後明確引

導他選擇其中之一，對方往往會開心地接受建議。

在引導的過程中，最重要的是使對方覺得你是為了他才這樣建議。有些人或許會覺得：「我沒有自信能明確建議別人怎麼做。」別太劃地自限，只要把心中真正想的事情告訴對方就可以了。因為這麼做，最能打動對方。

同樣一句話，有的人能夠接受，有的人覺得沒道理。像「這件西裝您穿很合身」這類話，若真要懷疑，可以懷疑個沒完沒了。但若你的說明能使顧客覺得：「這個人不是為了要賣我西裝才講這些話。」、「他很熟悉顧客會考慮什麼，而且是站在我的立場設想。」那麼他肯定會聽從你的建議。令對方有這樣的感覺，就是說服的技巧。

46 放慢說話速度並注意話的結構

想要在三分鐘之內把話說完，很容易說得太快，導致欠缺說服力。因為說話速度太快，很難在對方心中留下深刻印象。因此，即使時間緊湊，一開始也必須慢慢說。前面我提過，容易怯場的人開始說話時最好把速度放得很慢。這方法其實也適用於一般人。先用很慢的速度說，慢到感覺有些笨拙也無妨，之後再調整得接近自己平常的節奏，這麼一來就會越說越順。

如果一開始就用很快的速度說話，就好像一下子跑得太急，結果失去平衡，跌跌撞撞，很容易已經說了好一陣子仍找不到適當節奏。最後雖勉強把話說完，卻無法打動對方。

其次要注意「話的結構」。文章的結構可用「起承轉合」或「序破急」來表示。

「起承轉合」是漢詩的排列方式。起是開始的意思，以起句開始吟唱，接著是承句，然後以轉句轉換意思，最後以合句結束。致辭或演講時要特別注意「起」和「轉」。如果能在「起」的階段引起聽眾注意，就成功了一半。在「承」的階段，可稍微放鬆一下。在「轉」的階段，則要有變化或落差。最後在「合」的階段，快速地結束。

日本的音樂、舞蹈和戲劇中的構成要素常以「序破急」來表示，它的意思與「起承轉合」大同小異，只是以三階段的形式呈現。因為較「起承轉合」少了一個階段，因此更有速度感，更適合現代。

說話，也可以用「起承轉合」或「序破急」的技巧，這麼一來內容會較具邏輯，使聽的人容易理解。

無論選擇「起承轉合」或「序破急」，切記剛開始速度別太快。

我演講時，最初不只放慢說話速度，還刻意壓低聲音。開場白看似東拉西扯，與主題沒什麼關聯，其實都與當日要談的題目有關。這都是事前規劃好的。

我會事先準備好演講的材料，但內容的順序和深淺程度要等到當天才定案。到了現場，我會一邊思考時間限制，一邊考量要採用「序破急」還是「起承轉合」。

演講日期大多早早就決定，蒐集資料及其他準備工作都不成問題。但如果演講的前一天甚至當天發生重大事件，我卻隻字不提，完全按照事前準備的資料進行，聽眾會覺得好像在喝一杯打開很久、氣泡早已消散的啤酒。在任何場合說話，都要讓聽者有新鮮感，好像吃到剛從果樹上摘下的新鮮水果。

簡短談話同樣適用上述技巧，因為話越短越需要講究結構。底下整理幾個重點：

◎事先決定要說什麼，並準備好資料。

◎一開始說話時，用非常慢的速度。

◎適時談到最近發生的新聞。

◎要有「起承轉合」或「序破急」的結構。

以上是短時間內說話的基本原則，剩下的就看對象、狀況、時間的不同，臨機應變即可。

47 用關鍵字詞揭櫫主題，加深印象

在短時間內把自己的意思傳達給對方，有一個很有效的方法，就是使用關鍵字。根據字典的解釋，所謂關鍵字指：

一、理解文章時的重要語詞。

二、查詢資訊的線索，表示查詢對象的特徵，且可以列入索引。

閱讀報紙時，一般人總會先看標題，因此說話時也要挑容易令對方留下印象的詞彙，並加以強調。報紙的標題會有二則、三則不等，說話時的關鍵字也可以有二個、三個，這樣聽者會更容易理解，比較不會誤會與曲解。

另外，最好能明確區隔「主關鍵字」與「副關鍵字」：主關鍵字能揭櫫談話的主題，以及想陳述的內容；副關鍵字則提示比較次要的內容。使用關鍵字有三大好處：

◎容易理解。
◎能夠得到共識。
◎將意思很快傳達給對方。

不過，運用關鍵字時必須注意，話要盡量簡潔，且別使用太多意思接近的詞彙，以免引起誤解。其次，不要用艱澀的字詞。如果用一般人較少聽到的詞，要清楚說明那個詞的意思。例如用「compliance」作為關鍵字，就得先說明這各自的意義——

「compliance是遵守法令的意思。compliance會變得越來越重要，為什麼呢？因為人類社會將從弱肉強食、適者生存的競爭型社會，演變成共存共榮、彼此協調的社會，在這樣的環境下，compliance是相當重要的概念。」

候選人進行選舉活動時，最希望選民牢牢記住他的名字。為了加深選民對他的印象，很多候選人會標榜自己是「乾淨清白的候選人」，或者開出「杜絕浪費公帑」之類選舉支票，這也算是運用關鍵字詞的好例子。

48 父母心、大人心與兒童心要靈活變換

如果發覺對方對你說的話反應不怎麼好，就別再說了，若執意說下去，只會令對方產生不好的印象罷了。善於溝通的人和別人說話時，感覺總是很順暢，他們是如何營造出那樣的狀態呢？

談話未必每次都很愉快，比方說，有時你的話題對方不感興趣。但會說話的人總能令對方聽得很專注，這是有祕訣的。

每個人都擁有三顆心：父母的心、大人的心與兒童的心，我簡稱它們為ＰＡＣ，是取parent、adult和child三個字的第一個字母。

所有人都擁有ＰＡＣ。和別人說話時，要弄清楚對方當時懷著什麼樣的心。比

如，父母管教小孩時，若懷著C的心情，效果恐怕會很差。這時應該以P的心態去管教。然而，有些為人父母者是以A的心態管教，結果小孩較容易反彈。為什麼呢？

如果是以父母的心來管教，就願意諄諄教誨；若秉持大人的心則會認為：「這孩子是我人生的一大負擔。」父母親會虐待幼兒，大都是管教子女時沒有站在父母親的立場，而是懷著大人的心，而且是很自私的大人。

與別人交談的時候，如果懂得轉換立場與心態，溝通效果會比「一式到底」理想得多。

例如，假設你是上司，那麼和部屬交談時你應該懷著大人（A）的心態；不過，如果部屬是因私事前來和你商量，你最好以P－C的心態和他聊。

又比如，當你希望獲得對方的疼愛時，要以C的心情與對方互動。別冥頑不靈、不知變通，認為：「你是大人，應該懂這個道理。」或「身為父母親，就應該這麼做！」而是要思考：「對方現在是什麼心態？」、「我應該用什麼樣的心態來和他相處？」這麼一來，你說的話才可能進到對方心坎裡。

當對方很容易理解你說的話，且有共鳴，就表示你們雙方的關係很協調，這時你們的溝通就可望順暢無礙。以下有幾個具體的方法有助於達到這種狀態：

◎模仿對方。

◎談及對方關心的事。

◎確認自己跟對方的關係是否和睦、協調。

◎詢問對方以了解他的價值觀。

◎詢問對方有什麼需求。

運用以上方法時，若能一併考慮對方當時的心理狀態是P、A、C中的哪一個，談話的效果更佳。

49 用「拜託」和「同意」來收尾

日本有一句諺語：「若結尾好，則全部都好。」每個人都希望說話時能收尾得很好。但是偏偏有人前面說得很好，結尾時卻說了不得體的話，使得之前的努力瞬間化為烏有。

有一個祕訣可以幫助你在最後關頭時安然收尾，那就是用「拜託的形式」。要圓滿結束一段話，沒有比「拜託」更好的了。

「那件事就拜託您了！」

「這件事就麻煩您多費心了！」

這麼說，一來對方會感覺你很尊重他、信任他，再者也會回想你說的是哪件事。

另一個跟「拜託」一樣令人感覺很貼心的收尾技巧，就是「同意」。

「我非常了解您的意思，也同意您的看法。」對方一聽，心裡當然高興。但光是同意還不夠，如果能夠進一步「拜託」對方，效果更佳。

結尾最不該用的，是「命令」。就算是對方來求你幫忙，而你要求他做什麼事時，也不能用「命令的形式」說出，而要用「拜託」表示。這麼做，能有效杜絕將來可能出現的麻煩。

如果太堅守立場，說服別人或與人交涉時常會失敗。因為很多時候，事情能否順利進行，得看往後雙方來往的狀況。如果對方以後還可能和你來往，你更要顧慮對方的立場。

就算你現在地位高於對方，且看不出日後這情形會改變，這也只是客觀的事實。人的想法、行動與態度不是只基於客觀事實，若希望雙方的關係長期維持穩定，就必須考慮對方的想法；對方的想法就是主觀的事。

從你的立場看到的景色，和從對方立場看到的景色，可能截然不同，所以要避免自我中心。用「拜託」結束交談看來沒什麼，卻能防微杜漸，避免雙方關係惡化。

〔第五章〕

令人討厭的說話方式

話說得再好,「態度」或「方式」不對,傳達就會失準,
有可能因而搞砸事情。
站穩自己的立場是有必要,但也要尊重多元觀點,別全盤否定他人。
談話突然「卡住」了?用幽默感重新調整交談氣氛吧!

50 經常自省，並提醒自己說話別太主觀

我們通常會形容以自己為中心的偏狹看法「太主觀」。說話太主觀，會令對方感覺不愉快，甚至引起聽者反彈。有些人並不是為自己，而是為了別人而拚命想說服對方，結果卻因說話太主觀而弄巧成拙。

「太過主觀」是一般人常見的毛病。

原因之一是，大部分的人都認為「我是對的」，因此會堅持己見，不願附和「錯的」另一方。

第二個原因是，大部分的人都愛自己勝過愛別人，往往是「把自己擺中間，別人擺兩旁」。

第三個原因是，大多數人都想確認自己的價值，證明自己對社會或他人有貢獻，

因此遇到不同的意見會覺得被對方否定了。

「主觀」是人之常情，但有沒有辦法能讓人們說話時盡量避免這個缺點呢？我的建議是，你必須這麼想：「我的想法和意見只是『我自己的』。」不管別人是贊成你的看法，還是不贊同你的意見，你都要告訴自己：「這是很正常的事。」你或許很喜歡吃生魚片，但就是會有人不喜歡。你認為不應該有戰爭，但是有些人認為「戰爭有時無法避免」。你認為追求名利很庸俗，但很多人以此為人生目標。

許多人會以為自己的意見最普遍，是主流的看法，或自認是「正義的一方」。要避免被主觀束縛，最好的方法是經常自省，提醒自己：「我平常說話時，一定有太過主觀的地方。」要站在對方的立場來想，避免因別人跟你意見不同就心生不悅。

51 別表現出優越感，以免美意盡失

有個富人平常很熱心助人，某天他請一位遊民到一家餐廳吃晚餐。遊民雖覺得惶恐，但飢餓難耐，便大口吃起眼前的美食。餐廳老闆也是個親切的人，免費招待了幾盤料理。這幕溫馨的畫面猶如電影《男人真命苦》裡的場景。

到此為止都很不錯，但接下來，富人對遊民說：「別客氣，盡量吃，你平常大概沒什麼機會吃這種高級料理吧？」遊民低著頭，畏畏縮縮地回答：「嗯，謝謝。」

富人雖然沒什麼惡意，那樣說卻美意盡失了。為什麼他會說出這樣的話呢？

顯然，這富人內心深處還是瞧不起遊民。人與人的關係不可能完美，但把輕蔑之意表達出來，卻相當不智。因為，若不把對方當成同等的人，就會進而不尊重對方，甚至表現得自認高對方一等，這很可能引發對方反彈。

和別人說話時，若姿態高高在上，絕對無法打開對方的心門。這一點，一定要牢記在心。人們往往時而有優越感，時而感到自卑，自認優越時，會有意無意地把對方當成傻子。如果對方很敏感，就算你不表露，他也可能察覺。因此有智慧的人不會輕易表露出優越感。

和別人溝通（包括談戀愛）時，如果發現結果遠不如自己的預期，又找不出原因，就得檢討自己是否在不經意間表現出看不起對方。

我們經常標榜「人人平等」、「職業無貴賤」，但內心深處仍難免會把別人分成各種等級。和別人溝通時，如何避免瞧不起別人或把別人當傻瓜呢？有一個好方法，那就是提醒自己，溝通時要經常懷著「三顧茅廬」的精神。

劉備要請諸葛亮當他的軍師時，他沒有因為地位遠高於諸葛亮，而用高高在上的姿態說：「我要用你，來吧！」相反地，劉備的姿態非常低，三次親自拜訪諸葛亮，低頭彎腰，表現十足的誠意，最後終於感動了諸葛亮。

想要說服別人，就得能屈能伸，並秉持「三顧茅廬」的精神，勝算才會大。

52 批評時切忌全盤否定對方

交談時，難免對對方的見解有意見，這時若批評的方式不對，可能破壞談話氣氛，甚至引起口角。那麼，覺得非批評不可時該怎麼辦呢？

首先，必須注意給對方留餘地。

「批評」這件事原本就會傷到對方，因此要比說其他話更小心謹慎。切忌全盤否定對方，把對方批評得體無完膚或許當場感覺很爽快，但事後往往發覺沒有任何好處。

批評對方之前，應該找出對方值得肯定的見解，先肯定對方，然後才表達不同的看法，批評的用語也要盡量溫和、收斂。

批評的第一個祕訣是：即使你有三、四件事想批評，也要按捺住，只批評一、兩件，這樣就能達到表達己見的目的了。

另外，要避免「為評論而評論」、「為批評而批評」，記得提出具體、建設性的意見，例如：

「現在的狀況如何？」

「原因是什麼？」

「你有什麼對策嗎？」

「有什麼風險？」

「第一步要做什麼？」

簡單地說，要站在當事人的立場，把話帶往建設性的方向。

53 避免這六種惹人厭的說話「方式」

有些人說話內容並沒有問題，但說話方式卻令人討厭。這種情形實在很可惜，一定要想辦法改正。那麼，哪些說話方式令人討厭呢？

第一，聲音小。聲音小的人，聽不清楚他在說什麼，常常得追問「什麼？」、「可以再說一遍嗎？」深怕漏聽了重要的事。這對聽者是一大困擾。其次，聲音小的人令人感覺很沒自信，或是沒有真心誠意想傳達看法。這對他本人而言是一大損失。

第二種令人討厭的說話方式是「說話大聲」，主要原因是：周遭的人都聽得見你們講什麼。只要談話的其中一方聲音大，旁人就大致知道你們在說什麼。因此，和講話大聲的人談比較個人的事情，很容易覺得尷尬。說話的音量應該隨著周遭環境的不同而適時調節。

第三種惹人厭的說話方式是「說話很快」。說話很快的人大多反應靈敏、懂得很多。這本來是好事，但說話快就容易變成喋喋不休，令聽者有壓力、覺得不舒服。

第四種令人討厭的說話方式是「無精打采」。有些人說話音量、速度都適中，語調卻有氣無力，常常含糊不清，這會使別人聽得很辛苦，不想再聽下去。

第五種惹人厭的說話方式是「只顧講自己的話」。演講或報告時，可以在限定的時間內一個人說話，但和別人交談時，不能光顧著自己發表意見。交談是一來一往的，必須給對方說話的機會才行。

第六種令人討厭的說話方式是「不聽對方說話」。對方說到一半時，你若突然說起其他話題，就表示你剛才沒聽對方說話。若經常這樣子，久而久之對方就沒有興致跟你交談，因為他覺得你根本不想聽他說話。

說話的內容固然重要，說話的方式對結果影響更深。然而，大家常常忽略這個問題。有些人對說話的內容很下工夫，對說話的方式卻不太在意。以上列舉六種令人討厭的說話方式，請你對照一下，看看自己是否也犯了其中的錯誤。

54 說話太流暢反而會令人覺得不誠懇

保險員、業務員和酒店的媽媽桑等，口才看似一級棒，但真是如此嗎？他們口若懸河，但效果怎麼樣呢？這些人往往自認很會說話，但說話流利未必表示有說服力。就說服力而言，說話流利甚至很可能是一種缺點。理由很簡單。

在人潮擁擠的夜市，聽到銷售專家拿著麥克風口若懸河地推銷商品時，多數人固然覺得有趣，但船過水無痕，他說的話不會在你心中停留太久。這表示，那種說話方式不適合用來說服。

有些場合的確需要話說得流利，例如擔任司儀；還有些時候，得在限定的時間內傳達正確訊息給不特定的一群人，比如主播新聞時。

但是，當你只對少數幾個人或一個人說話，就必須意識到「如何讓對方記得我說了什麼」。太「口若懸河」會導致對方記不住你講過的話；不善言辭或說得慢，聽者反而比較能記得你說了什麼。你或許覺得訝異——口吃的人說話常常具有說服力。因為他們說話不流暢，聽者不得不凝神傾聽。又比如，外國人笨拙地說著你的語言時，你也會集中注意力聽。

相反地，話說得很流暢，聽者容易聽不清最初的部分。因此，有些人為了使聽者一開始就專心聆聽，說話前會乾咳一聲，或發出沒有意義的「哦——」，引起聽者注意。說話流暢乍看之下是優點，其實要把握分寸才行。

「只會耍嘴皮子」、「假情假意」、「賣弄知識」、「口條很好、像訓練有術的業務員」……等等，都是說話流暢的人很容易給人的壞印象。

要是你想說服人，那麼即使你可以口若懸河，也要盡量收斂。《論語》說過：「巧言令色，鮮矣仁！」這句話非常貼切地點出「口若懸河」容易有什麼負面影響。

55 避免含糊其詞或太拐彎抹角

有時，我們會因為某些考量而用迂迴的措詞，例如不說「死」，而說「往生」、「長眠」。這是出於禮貌，或為了減緩衝擊，無可厚非。

但要注意，平常說話時別太拐彎抹角，否則聽者可能無法了解你的意思。

說話最基本的目的是表達己見、跟別人溝通，話說得含糊不清會令人莫名其妙，這就喪失了說話的目的。說話之所以會含糊不清，可能有下列幾個原因：

◎思路還沒整理清楚。

◎說不想說的事（不是心甘情願）。

◎有意隱瞞事情，矇混對方。

如果都不是以上原因，那可能是說話時太緊張，或表達能力太差所致。

說話含糊不清不僅浪費時間，還會令人懷疑是否缺乏常識或思考能力有問題，因此要盡量避免。

不過，有人是故意含糊其詞，認為這是好的戰術，但這麼做既花時間又費力氣，早就過時了。如今資訊開放，處理事情必須開誠布公，想矇混過關是很難行得通的。

56 避免用詞空泛、言不及義

有一次，日本發生一樁震驚社會的校園兇殺案件。記者問教育部長對此事件有何看法，部長回答：「實在不應該發生這種事。」

這句話非常空泛，說了等於沒說。如果認真思考過而且有心表明自己真正的感受，就算再拙於言辭，也絕不會講這麼空泛的話。

那些人為什麼會這麼說呢？因為他們擔任那個職位，不得不表示意見，但又怕說得太多、太具體會留下話柄，於是言不及義。

用詞空泛的人多半不想說真話，只想應付幾句，逃過眼前的局面再說，但社會大眾已經越來越不接受這種伎倆了。

最近有些大企業的員工主動揭露自家公司的弊端。這說明了新的時代，亦即心靈的時代，已經越來越近了。

今後，說話會越來越重要。當人們知道說話的重要性之後，會設法培養這方面的能力，把話說得更正確、更簡潔。

日本江戶時代的儒學者貝原益軒說過一句話：「一個人是正是邪，會從他說的話表現出來。」

這話尤其值得進入心靈時代的我們深思。

57 情理兼具，正確、迅速、誠實

說話的方式有兩種，一是講道理，一是訴諸情感。

若要令對方深有同感，必須以「講道理」為基礎，再摻雜些微感性說法。不過光講道理對方很難接受，就像人們很難消化太硬的食物一樣。

然而，訴諸感性的話雖容易消化，但因為沒什麼價值，人們往往聽完後就忘了。

《總統》月刊有一篇文章提到：「經營有三個基礎，一是正確，二是迅速，再者是誠實。這三者是經營、也是會計的基礎。」其實「正確」、「迅速」和「誠實」也是說話的重點。

江戶時代的歌舞伎狂言劇作家近松衛左衛門曾說：「看起來是虛構，其實不是虛構；看起來是事實，其實不是事實；在這虛構與事實之間，自有娛樂的空間。」這句話是創作小說和寫作劇本時的基本原則。如果和第三者談無關緊要的事，像這樣虛實夾雜可以使談話更有趣。但若要說服人就不能似虛若實了，而要將「正確」擺在第一順位。

所謂「誠實」，就是說的話不能因對象、時間不同而改變，就像打高爾夫球時，每次揮桿的姿勢都必須保持一定，說話也是如此，不能見人說人話、見鬼說鬼話。

58 不要濫用特定領域的行話

說話首重「達意」，因此要盡量用簡單易懂的語言，避免用特殊領域的語言。各行各業多少有特有的辭彙，除非對方和你同行，否則要用平常人聽得懂得話去講，這是禮貌。

和圈外人談話卻頻頻使用圈內的特殊行話，一來顯得不體貼，再者也顯示你沒有能力分辨在什麼場合應該說什麼話。

此外，如果能盡量避免使用專業用語，就會敦促自己學會新的詞彙，以提升表達能力。

59 姿態明確、表明立場

話說得不好的人常常有個缺點，就是「沒有清楚表達自己的立場」。如果你立場不明，對方怎麼知道如何因應呢？

例如，你的部屬跟某廠商洽談生意時得罪對方，你為了解決這個問題，便前往這家廠商。這時如果你態度很明確，一見面就告訴對方：「我今天是來道歉的。」這麼一來，雙方談話就會迅速切入重點，溝通會有效率得多。

因此談話時，表明自己的用意相當重要。但是「姿態」的問題不只如此。有時「姿態」又分成「表面的姿態」和「隱藏的姿態」（也就是真正的姿態）兩種，外交官交涉時，幾乎都是雙重姿態。交談時，必須一邊考慮對方「隱藏的姿態」，同時尊重他「表面的姿態」，並且讓對方知道你的態度。

60 隨時保有幽默感，讓談話氣氛更熱絡

兩個人交談半小時卻從沒笑過，就表示交談很無趣。說話無聊的人很難進入別人的心坎，向別人拜託什麼、或想說服別人，都很難達到目的。

英國人很重視幽默感。一位英國朋友告訴我，若有人罵英國人蠢、冷漠、貪，他們會很冷靜地為自己辯護，證明自己並非你說的那樣。但若有人對英國人說：「你不懂幽默！」對方一定暴跳如雷。

美國人也是從小培養幽默感，他們認為幽默是說話技巧的一環，因此他們發表看法時常常很風趣，令人莞爾。

一些問卷調查顯示，「缺乏幽默感」是人們討厭的說話方式之一。話說回來，幽

默感是什麼呢？已故作家司馬遼太郎說：「一個人在什麼時候發揮幽默感，可看出他的格調。」英國哲學家羅素自認為沒有幽默感，有一次批評英國人過於崇拜幽默感時說：「這樣，世界就會變得更有趣一些了嗎？」正經八百地這樣問有點滑稽，其實也算頗有幽默感。

有一次，美國職棒大聯盟的一個球隊教練，覺得隊上的一位先發投手投球威力變弱，決定將他調成救援投手。教練將決定告訴那位投手時說：「我想看你每天上場投球。」從先發改調救援對投手而言是挫折，可能因而意氣消沉，但那位投手聽了教練的話不但不覺得挫折，反而很愉快，這都是教練的幽默感所發揮的神奇力量。

就像中國的幽默大師林語堂說的：「幽默感可以改變我們文化生活的內涵和品質，現代人把生活想得太嚴肅了。」所以了，無論日常生活或工作時，說話別忘了發揮幽默感。

〔第六章〕

使說話更有生命力

事前組織要說的話是好事，
寫備忘錄還能使人保持求教心態，但可別硬梆梆地照本宣科。
說話時能情理兼顧最好，至少別說得斬釘截鐵。
當然，話要說得有生命力，更重要的是「做你自己」！

61 養成寫備忘錄的習慣，抱持求教心態

我很喜歡寫備忘錄，口袋裡總是放著一本便條紙，用它來記錄和誰見面、雙方約好的事、對方說了什麼令我感動的話、說話時突然想起的事，或者腦中忽然出現的靈感。有時候我只記五個字、十個字，但是遇到話題豐富的人，我甚至記錄二、三十個項目。

寫備忘錄有以下五大功用：

第一，儲備話題和靈感來源。我們可以從報章雜誌或電視、網路獲得知識和資訊，和別人談話時同樣能獲得知識，且說話者通常會加上個人獨特的解釋，而饒富趣味的話題與靈感可能從中誕生。

第二，寫備忘錄可以培養多種能力。如果你惦記著要寫備忘錄，便會集中精神聽別人說話。還有，為了以很少的字記下重點，你會養成在很短的時間內將聽到的內容轉化成關鍵字的能力。也就是說，你自然而然會培養出選擇、判斷與歸納的能力。

第三，為了寫備忘錄，你會很專心聽對方說話，這會令對方產生好感，進而願意提供更多資訊。

第四，能夠強化人際關係；這與第三點有關。當對方對你產生好感，你們的互動自然會好。勤記備忘錄既可獲得很多有價值的資訊，又能強化和對方的關係，可說一舉兩得。

第五，寫備忘錄就不用擔心會忘記。得到珍貴資訊時，你或許會告訴自己千萬要記住，但如果你只是聽，很可能隔陣子就忘了。我對自己的記憶力雖頗有自信，卻常擔心忘記，這種心理常令我不安，後來我養成寫備忘錄的習慣後，再也不需擔心，能夠很輕鬆和對方交談。

有人說：「所有人都是我人生的老師。」這是非常好的心態。而只要你養成寫備忘錄的習慣，自然會有隨時向別人求教的心態。

想抄下別人說的話時，要注意以下幾件事：

◎記備忘錄之前應該先發問對方：「對不起，我可以記備忘錄嗎？」（若事先告知，大部分的人都不會有異議。）

◎你覺得有興趣的事，可以進一步探問，但若對方不太願意講，就別再追問了。

◎有「得」也必須有「施」。倘若對方提供你資訊，你也得提供對方一些有用的消息。

若能做到這三點，通常談話對象不會介意你記備忘錄。

62 個性不是刻意與眾不同，而是抒發自己的見解

有些人說話時，會刻意想表現出個性。積極表現的心態值得嘉許，但得先正確理解「個性」的意義。

什麼是有個性的說話方式呢？簡單地說，就是「表明自己的見解」。意見和大家的不同，就大大方方的說出來；如果見解和大家的一樣，清楚表明即可。這就是有個性的說話方式。

許多人以為，表達個性就是和別人持不同的意見，結果將心思都放在如何表現得與眾不同，結果反而背離了自己的本性。其實「個性」的重點在於想法是「自己的」，而不是「和別人不同」。

過去日本人的集體意識太強烈，或許是對往昔這種集體意識的反彈，最近有許多

人認為和別人不同就是「有個性」、「有創意」。但只有真正抒發內心的事物才具有獨創性和個性。

音樂是用Do、Re、Me、Fa、So、La、Ti七個音譜成，即使加上半音，基本材料也不算多，但作曲家們卻作出多如繁星的曲子。此外，一流作曲家作的曲子，愛樂者一聽立刻辨識得出來「這是某某人的作品」——這就是個性。毋需標新立異，只要能忠於自己，做出的東西就有個性。

說話也是如此。刻意想說得有個性只會令人覺得「奇怪」，一時之間或許能迷惑人，長此以往卻會缺乏說服力。相反的，忠於自己的想法所說的話或許乍聽平淡無奇，也無法當場說服對方，但因為誠懇，久了反而會贏得聽者的信任。

如果是要說服對方在契約上簽字，多半會希望對方很快簽，許多惡劣的商業手法常常採用這種方式。相較之下，和緩地試著說服對方、讓對方有思索的時間，較能贏得對方的信任。要使對方接受你的意見，不用出什麼奇招，只要能站在他的立場用心思考，誠懇說出意見，就很有機會。

63 多觀摩能幹的人說話，加以學習

我做過一次問卷調查，其中一個題目是「你認為能幹的人怎麼說話？」下列五個答案是多數人選擇的：

一、聽了之後，會使人禁不住想照他的話去做。

二、說話很溫和，但談著談著仍會把對方拉往自己的方向。

三、會依聽者的程度調整內容。

四、聽完這個人的一席話，心裡覺得很舒暢。

五、能平易地表達艱深複雜的事情。

第一項主要是靠說話者的魄力與熱情。當然，富邏輯的說理也很重要，但更重要的是如何撥動對方的心弦。

第二項的重點在於冷靜地交談。就像把一條繩索慢慢拉過來，談話時同時冷靜觀察對方的反應，這時邏輯思考也很重要。

第三項是需要具備資訊和知識，這要有一定程度的素養，因此平常就必須多加充實自己，且培養臨機應變的能力。說話技巧方面，則必須擁有豐富的詞彙。

第四項主要與說話方式有關。說話不能冗長或拐彎抹角，用語要簡潔，論旨要清楚，且令對方感覺你的話對他有幫助。

第五項要求的是豐富的詞彙和歸納能力。這不光指「把話縮短」，真正的歸納能力要能對獲知的資訊和知識加上自己的解釋，並提出新觀點。

以上這五項能力指標，你若能掌握好其中一項，就能得到不錯的評價，若五項都很熟練、運用自如，就是個傑出的說服者。

64 「情」與「理」如何兼顧或取捨？

與人交談時，最理想的狀態是情理兼顧，從這兩個層面向對方說明，使他同意你的意見。

但多數時候情與理是對立的，這時到底要選擇哪一個，往往令人猶豫不決。

以上班族來說，經營階層下令裁員，身為中階管理階層的你，立場尷尬。在情感上，你不忍心開口要部屬辭職，但為了公司（以及自己）的生存，你還是得告訴部屬公司的決定。在這種狀況下，話很難說出口。到底怎麼說比較好呢？

首先，把目的告訴對方，看看他的反應。

如果對方訴諸以「情」，你就用「理」去開導，如果對方據「理」力爭，你就要訴諸「情」，使他接受事實。

人們表現出來的姿態，不一定是他真實的姿態，常與心中真正的企圖相反。因此，當你面對情與理的取捨，不妨採取和對方相反的戰術。

邏輯學上有個知名的例子：

一隻鱷魚看到岸上有一對母子正在玩耍，便趁他們不注意時抓住了孩子。鱷魚這時並不餓，因此牠對母親說：「孩子的媽，猜猜看我會怎麼處理你的孩子。若你猜對了，我就把孩子還給你，若你猜錯了，我就把他吃掉。」

這位母親她想了想，回答：「我猜你會把我的孩子吃掉。」鱷魚聽了一愣，因為母親的回答與牠預料的相反。沒多久，鱷魚就發覺自己進退不得。為什麼？

因為鱷魚若吃了孩子，母親就猜對了，鱷魚得將孩子毫髮無傷地還給母親才行。若牠不吃孩子，母親就猜錯了，既然猜錯，鱷魚就必須吃掉孩子。

「吃」還是「不吃」？這就是「鱷魚的矛盾」：鱷魚左右為難，不知如何是好。正當牠困惑不解，孩子的父親及時趕到，射殺了鱷魚。

鱷魚為什麼會失敗呢？牠以為母親會在親子之情的驅策下，乞求牠饒了孩子一命，所以才出了一道令自己陷入矛盾的謎題。

這故事雖是為邏輯學設計的，但我們可以從中得知，採取與對方心中想的相反的態度時，對方較難反駁。

同樣的，當你不知該訴諸「情」還是「理」時，先看對方如何出手，再採取相反的態度。這樣往往能達到你的目的。

65 改掉斬釘截鐵的口吻，改用柔軟的說話術

說話方式各式各樣：有論理清晰、滴水不漏的；也有拖泥帶水，不知想表達什麼，令聽者焦慮不安的。大多數的人不會想到要好好研究自己的說話方式。但說話方式不同，說服力如天壤之別，這是事實。因此花些工夫研究說話方式，修正自己的缺點。說不定人生會因而邁入嶄新的境界。

跟各位建議一個很簡單但效果卓著的說話技巧，那就是「柔軟的說話術」，也就是說話時盡量使用柔性的詞語。該怎麼做呢？美國建國時的大政治家、科學家富蘭克林便採用了這個方法，且獲得很好的效果。

富蘭克林生長在貧窮的家庭，童年期間吃了不少苦。他對很多事都喜歡親自實驗，也留下很多像「時間就是金錢」之類至理名言，可說是實用主義最典型的人物。

富蘭克林年紀輕輕時，在社會上就有了一定的地位，因此說話時不免露出驕傲或語帶嘲諷。畢竟他頭腦靈活，又擁有豐富的和知識，還常常想出很有創意的點子，且臨機應變的能力也高人一等。

有一次，富蘭克林的一位朋友告知他說話的態度、語氣上的種種缺點。富蘭克林聽了有如當頭棒喝，頓然醒悟。從此以後，他就改正說話方式，改採「柔軟的說話術」。具體地說，就是改掉以往斬釘截鐵的語氣、攻擊性的用語，變成較謙虛、較婉轉，例如發表自己的意見時會說：「我覺得好像是……」反駁別人的意見時會說：「是這樣嗎？不過還有另一種觀點是……」

改變多年的說話習慣並不容易，但富蘭克林下定決心後就徹底執行。這麼做之後，發生了什麼變化呢？據他自己說：

◎和別人更容易溝通。

◎被別人反對的情形變少了，別人很願意傾聽他的意見。

◎不容易犯錯，且說服力增強了。

柔軟的說話方式人人可採用，且做起來很簡單，只要有決心、有恆心就夠了。

66 懂得傾聽是提升人氣的利器

若想學會說話得體，就要先訓練自己成為好的傾聽者。

一個好的傾聽者會令對方樂意和你交談，雙方會有良好的溝通，最後也很有機會說服對方。

那麼，怎樣才能成為好的傾聽者呢？

首先要知道傾聽的效用。我們先想想對方說話時是什麼樣的心理狀態。

人們說話有時是為了說服對方，有時並沒有特別目的，單純想「講給你聽」而已。想要有效利用時間的人，傾向於避免這種天南地北、不著邊際的純聊天。例如，上完一天的班，筋疲力盡地回到家裡，這時太太迫不及待地找你說話，談的不外是哪個親戚的孩子考上哪一所高中、家中的貓做了什麼有趣的事、鄰居的太太今天說了什麼話……等等。

或許你不想聽，但要成為傾聽高手，就要從傾聽尊夫人的這類話開始。這些話雖繁瑣，卻是和你身邊最重要的人之間的溝通，因此不可以假裝傾聽，敷衍了事，要時而點頭，時而插幾句話，時而發問，表示真的在聽。

十九世紀的英國首相迪斯雷利（Benjamin Disraeli）擅長傾聽別人說話，他曾經這麼說：「要受歡迎很簡單，只要做一件事就行了，那就是傾聽對方說話。」

世上的男人應該訓練自己成為傾聽高手，而尊夫人就是最佳的訓練老師。如果你能傾聽尊夫人說話，並因而得到她的歡心，你一定也可以得到其他人的歡心，受到其他人信任。

67 模仿說話高手的動作、表情、語氣

想把話說好，可以找個你認為「很會說話」的人來模仿。先仔細觀察他怎麼說話，之後照那方式說說看。不是在腦中理解之後以自己的方式表達，而是模仿他的動作、表情和語氣，這樣會學得比較快。

直接跟對方請教，他或許會慷慨地教你，但姿勢和動作很難以口頭說明，還是必須慢慢模仿。不只姿勢和動作，還有語氣、聲調、表情等，換言之，模仿對方說話的「整個樣子」，這樣才能學得精髓。

發現非常值得學習的對象，要訂下目標：「我要和那個人一樣能言善道！」然後努力模仿他，這樣你自然會變成說話高手。若周遭沒有適合模仿的對象，模仿電視裡很會說話的人也可以。模仿比我們好的人，一點也不必覺得害臊。

68 臨機應變，別照本宣科

我演講或致辭時，從來不先寫完整講稿。有時候在致辭前會稍微寫一下草稿，但寫完後只看一看，沒有硬記下來。

因為我認為應該當場發揮才對。

說話時最好能夠臨機應變，這樣才能說出「活生生」的話。人生並沒有事先被決定好，會怎麼演變，要看現在的言行如何而定。就算我們可以在心中想像和期待情節如何展開，對方會如何反應仍是未知數。因此事前再怎麼準備，碰到不同的對象和不同的反應，也只能臨機應變。

不過，雖說是臨機應變，心裡也要有一定的準備或打算。

尤其是工作上的談話，因為事前已經限定了內容，因此預先作演練自然有其意義。但若不懂得「臨機應變」，說的話便會僵化，效果不彰。

事前的準備再怎麼充份，與現實間總有差距，唯有到了現場，才有辦法修補那微妙的差距。臨機應變沒有訣竅，只能靠經驗的累積。

瑞士哲學家希爾德（Carl Hilty）說過：「做勝於學。」說話也是一樣。在實際說話中逐漸進步，逐漸擁有自信，是最好的方法。

69 一句話也能改變人生，不可輕忽

人們必須藉著語言，才能過社會生活，所以無法靈活運用語言的人，人生可能會走得比較辛苦。「正確的說話方式」可說是開拓人生的重要工具。

將來的社會將猶如劇場。就像演員在舞台上說話要有專業水準，我們也會研究說話的方法，說服別人並贏得別人的好感，否則人生之路可能崎嶇難行。

我認為運用語言時要注意下列幾點：

一、是否說了不該說的話？

二、是否少說了什麼？

三、言語是否太過修飾？

四、內容是否有助於對方？
五、目的是否有助於自己？
如果能時常反省這五點，自然會變得很會說話。

首先看第一點，「說了不該說的話」。只要回想和別人說完話的感覺就知道了。和對方分手後，如果覺得好像哪裡不太對勁，那八成是說了不該說的話。絕大部分的原因不在於對方，而在於自己。

如果純粹閒聊，那另當別論，但如果是談工作，就應該提醒自己「不說沒有必要的話」，最好事前先想想哪些事情不該說。

第二點「少說了什麼」比較能夠避免。和對方談話之前，你先整理一下該說什麼，將他們大致分成幾個項目，牢牢記住，就像買菜前先決定好要買哪些菜，然後再數數看有幾樣菜要買，如果是五樣，就把「五」記在心裡。

第三點「言語太過修飾」也應該注意。說話過度修飾恐怕會模糊重點，干擾對方的理解，造成誤解，因此工作上尤其應盡量避免。

第四點「內容有助於對方」常常被人遺忘。其實，和別人相遇、交談是一件非常有緣份的事。全世界現在大概有七十億人，在這麼多人之中，我們和另外一個人碰面的機會是何其渺茫？碰了面，又能親近地說話，那更是非常難得的機緣。我們應該把握這珍貴的緣份，好好利用每次交談話的機會，讓對方和你告別之後依然覺得：「和那個人談話，真是獲益良多！」

第五點「目的有助於自己」也很重要。我們和別人說話時，大都有什麼目的。我們應該想想那個目的是否真的對自己有幫助。明明知道對自己沒幫助卻硬要說，通常不會有好結果。

這本書中，提綱挈領地整理了這六十九則溝通要訣，希望能幫助各位讀者與人交流更順暢，從而成就更美好的生活。

SANPUN INAI NI HANASHI WA MATOMENASAI
©NOBUO TAKAI 2003
Complex Chinese translation copyright © 2004 by Business Weekly Publications,
a division of Cité Publishing Ltd.
Originally published in Japan in 2003 by KANKI PUBLISHING INC.
Chinese translation rights arranged through TOHAN CORPORATION, TOKYO.
All rights reserved.

ideaman 60

3分鐘強效溝通法 69個切中重點、贏得人心的說話技巧！【暢銷改版】

原著書名——3分以内に話はまとめなさい
原出版者——かんき出版
作者——高井伸夫
譯者——呂理州
責任編輯——何宜珍
特約編輯——林慧雯

版權部——葉立芳、翁靜如
行銷業務——林彥伶、林詩富
總編輯——何宜珍
總經理——彭之琬
發行人——何飛鵬
法律顧問——台英國際商務法律事務所　羅明通律師
出版——商周出版
臺北市中山區民生東路二段141號9樓
電話：(02) 2500-7008　傳真：(02) 2500-7759
E-mail：bwp.service@cite.com.tw
發行——英屬蓋曼群島商家庭傳媒股份有限公司城邦分公司
臺北市中山區民生東路二段141號2樓
讀者服務專線：0800-020-299　24小時傳真服務：(02)2517-0999
讀者服務信箱E-mail：cs@cite.com.tw
劃撥帳號——19833503　戶名：英屬蓋曼群島商家庭傳媒股份有限公司城邦分公司
訂購服務——書虫股份有限公司客服專線：(02)2500-7718；2500-7719
服務時間——週一至週五上午09:30-12:00；下午13:30-17:00
24小時傳真專線：(02)2500-1990；2500-1991
劃撥帳號：19863813　戶名：書虫股份有限公司
E-mail：service@readingclub.com.tw
香港發行所——城邦(香港)出版集團有限公司
香港灣仔駱克道193號東超商業中心1樓
電話：(852) 2508 6231傳真：(852) 2578 9337
馬新發行所——城邦(馬新)出版集團
Cité (M) Sdn. Bhd. (458372U) 11, Jalan 30D/146, Desa Tasik, Sungai Besi,
57000 Kuala Lumpur, Malaysia.
電話：603-90563833　傳真：603-90562833
商周出版部落格／http://bwp25007008.pixnet.net/blog
行政院新聞局北市業字第913號

封面設計——copy
版型、內文完稿——copy
印刷——卡樂彩色製版印刷有限公司
總經銷——高見文化行銷股份有限公司 客服專線：0800-055-365
電話：(02)2668-9005　傳真：(02)2668-9790

2004年（民93）11月初版　Printed in Taiwan
2013年（民102）1月改版10刷
2013年（民102）4月26日改版13刷

定價260元
著作權所有，翻印必究
ISBN 986-124-293-7
EAN 471-770-208-283-3

城邦讀書花園 www.cite.com.tw

國家圖書館出版品預行編目

3分鐘強效溝通法／高井伸夫著；呂理州譯. -初版.--臺北市：
商周出版：家庭傳媒城邦分公司發行，2004（民93）
面：　公分. -- (ideaman；06)
ISBN 986-124-293-7（平裝）
1.口才 2.應用心理學
192.32　　93020013

Idea man

Idea man

Idea man

Ideaman